“大运河人物故事”丛书

丛书主编 张廷皓

明代治黄兴运第一人

潘季驯

潘宏恩 著

南京出版传媒集团 南京出版社

图书在版编目（CIP）数据

明代治黄兴运第一人——潘季驯 / 潘宏恩著. 南京：南京出版社，2025. 3. --（“大运河人物故事”丛书）. -- ISBN 978-7-5533-5152-0

Ⅰ. K826.16

中国国家版本馆CIP数据核字第2025635MY8号

丛 书 名 大运河人物故事
丛书主编 张廷皓
书　　名 明代治黄兴运第一人——潘季驯
作　　者 潘宏恩
出版发行 南京出版传媒集团
　　　　　　南 京 出 版 社
社　　址 南京市玄武区太平门街53号
邮　　编 210016
联系电话 025-83283873、83283864（营销）　025-83112257（编务）

策划统筹 卢海鸣　徐　智
责任编辑 王绪绪
装帧设计 王　俊　张　淼
责任印制 杨福彬

排　　版 南京新华丰制版有限公司
印　　刷 江苏扬中印刷有限公司
开　　本 787毫米×1092毫米　1/32
印　　张 3.5
字　　数 54千
版　　次 2025年3月第1版
印　　次 2025年3月第1次印刷
书　　号 ISBN 978-7-5533-5152-0
定　　价 15.00元

总 序

大运河是中国人民的伟大创造。这条始建于公元前486年的人工水道，作为中国历史上贯穿南北的大动脉，集漕粮运输、商旅交通、军资调配、水利灌溉等功能于一身，不但加强了全国各地区间的政治、经济联系和文化交流，维护了多民族大一统国家的稳定和发展，而且使北方的丝绸之路和南方的海上丝绸之路在古老大陆的东方形成了闭环，因而具有世界意义。时至今日，大运河沿岸遍布城镇、码头、仓库、船闸、桥梁、堤坝等各类遗存，构成了中国乃至世界范围内罕见的线性文化带，并成功地在2014年6月22日第38届世界遗产大会上入选《世界遗产名录》。2017年6月，习近平总书记对建设大运河文化带作出重要指示，指出“大运河是祖先留给我们的宝贵遗产，是流动的文化，要统筹保护好、传承好、利用好”。2019年2月，中共中央办公厅、国务院办公厅联合印发《大运河文化保护传承利用规划纲要》，就进一步保护好、传承好、利用好大运河沿线的丰富文化遗产提出了明确要求。

回顾大运河萌芽、发展和演变的过程，诸如国家政策、政治形势、军事需要、地理环境等，虽然也都会对其历史变迁产生一定程度的影响，但从根本上来看，“人”的作用往往显得更为重要。千百年来，大运河的规划者、开凿者、建设者、管理者、治理者，以及其他与大运河有关的各类人物，凭借着不拘一格的思考方式、与时俱进的思维理念、突破常规的制度创新、因地制宜的技术方法革新，比较圆满地解决了大运河形成过程中所遇到的自然、运输和管理等一系列问题，实现了大运河从地区性到整体性、临时性到制度性、零散性到系统性的质变。这些大运河历史上涌现出的杰出人物，作为创造、改变和塑造大运河的主体和关键，其思想观念中闪烁着的智慧光芒，和一言一行中表现出的担当作为，不仅是大运河历史上无比珍贵的宝藏，同时也是彰显和传播中华民族灿烂文明的重要文化遗产，值得我们进一步挖掘和弘扬。

与蔚为大观的河道变迁、漕运制度、城镇商业、文化风俗等成果相比，有关大运河人物的研究相对薄弱。为了展现大运河深厚而丰富的文化内涵，传承和弘扬中华优秀传统文化，南京出版传媒集团（南京出版社）决定推出一套“大运河人物故事”丛书。这套面向广大青少年读者的普及性读物，精选历代与大运河有关的著名人物，时间上从春秋战国直至民国时期，空间上则覆盖隋唐大运河、京杭大运河和浙东运河。每册均邀请学有专长的作者撰写，力图在准确把握史实的基础上，用生动活泼的语言文字，引人入胜的故事情节，丰富多彩的知识拓展，刻画每一位大运河人物的主要经历，涉及凿河规划、水利建设、漕运管理、治运思想与实践、研究著述以及后世影响等，在折射大运河变迁轨迹的同时，充分展现出这些人物与大运河的密切关系，以及对大运河的变迁所发挥的作用。

青少年是国家的未来和民族的希望，肩负着实现中华民族伟大复兴、建设社会主义现代化强国的历史重任。近年来，南京出版传媒集团（南京出版社）先后推出了“抵御外侮——中华英豪传奇”“抗战十四年·中华儿女传奇”等多套青少年读物，在培养青少年爱国主义精神、培育和践行社会主义核心价值观等方面，起到了十分积极的作用。衷心希望“大运河人物故事”丛书能成为广大青少年认识和了解大运河历史文化的良师益友，在深化他们对大运河文化内涵认知的同时，展现中华民族的聪明才智和中华文明的灿烂辉煌，为他们的健康成长树立文化自信，使之成为将来建设国家的栋梁之材。

张廷皓

（作者系中国文物学会大运河专业委员会主任委员、中国文化遗产研究院原院长）

目 录

引 言

在今天的淮安市清江浦区古运河清江大闸旁，巍巍矗立着一片宏伟的古建筑群，其中规模最大的是陈潘二公祠，祠中供祀着明代治水名臣陈瑄、潘季驯。

小贴士：陈潘二公祠

原名陈公祠，是为祭祀平江伯陈瑄而建，后共祀潘季驯。新中国成立后，历经战乱、年久失修的陈潘二公祠仅存一座面阔三间的单檐歇山顶大殿和两座分别立于宣德八年（1433）、弘治七年（1494）的圣谕祭祀石碑。1997年，陈潘二公祠原址被淮阴卷烟厂征用，经相关部门批准，另行择址迁移保护。2007年，当地于淮安市清江浦区轮埠路西侧的里运河边复建陈潘二公祠，2009年竣工。现祠堂是在原建筑基础上增益重建，殿内供奉陈瑄、潘季驯坐像。殿外东西两侧立有明代两座圣谕祭祀碑。

祠堂始建于明正统六年（1441），初建时为陈公祠，供祀明永乐年间始开清江浦的首任总漕、平江伯陈瑄。清乾隆二十二年（1757），第二次南巡路经此地的乾隆皇帝特意下旨说：“有明一代治河之臣，其最著者惟陈瑄、潘季驯二人。而季驯之功实优于瑄，运道民生，至今攸赖。今清江之湄，瑄有专祠，季驯独不列祀典，朕甚悯焉。其以潘季驯与陈瑄并祀，有司春秋致祭，用昭崇德报功之典。”意思是乾隆皇帝认为明代近三百年间，治河功劳最大的首推陈瑄、潘季驯，其中潘季驯的功劳更大。运河漕运至今仍能保障民生，全赖潘

陈潘二公祠（潘宏恩 摄）

季驯治河之功。如今清江浦河边只有陈瑄祠，却不祭祀潘季驯，他感到十分惋惜，建议将陈瑄、潘季驯二公合祀，定期供祀，以纪念他们的大恩德。从此，陈瑄祠更名为陈潘二公祠，由官方世代供祀二公。潘季驯到底做了什么，能让乾隆皇帝都认为他立下了不世之功？我们不妨简单了解一下这位明代治水名臣。

陈瑄、潘季驯像（潘宏恩 摄）

潘季驯（1521—1595），字时良，号印川，湖州府乌程县（今湖州市吴兴区）人，明嘉靖二十九年（1550）进士，初授九江府推官，后任广东巡按御史。潘季驯历嘉靖、隆庆、万历三朝，自嘉靖四十四年

（1565）至万历二十年（1592），先后四次参与、主持治理黄河、淮河、运河的工程，多次出任总理河道都御史（总河、河道总督），前后跨越二十七年，中间仅短暂任职江西巡抚、南京兵部尚书、刑部尚书，为有明一代治河官员在任时间最长者，后以治河之功累迁官至太子太保、工部尚书兼右都御史。万历二十三年（1595），潘季驯去世，他编著有《河防一览》《留余堂集》等书。

潘季驯总结多年的治河经验，提出“筑堤束水，以水攻沙”的治黄方略和“蓄清（淮河）刷黄（黄河）”的保漕运方略。他治黄、淮以保漕运的方略、“筑缕堤（近堤）以束河流，筑遥堤（远堤）以防溃决”的治河思想、建设相应的堤防体系和严格的修守制度，对明代以后的黄河、淮河、运河治理产生了深远的影响，为中国古代的水利事业做出了重大贡献。

此外潘季驯还在巡按广东时，实行均平里甲法，抑制豪强；清理广东官场腐败；抵御沿海倭寇袭扰。在江西巡抚任上，他剿匪、推动银钱改革。他在刑部尚书任上因为给张居正家人求情，被御史以“包庇张居正同党”之名弹劾，削职为民。他一生几起几落，却始终兢兢业业，为国尽忠、为民谋福。他被万历首辅张居正称赞“功劳不在大禹之下”，又被明代文坛领袖王世贞誉为纯正、纯粹之臣。清代河道总督杨方兴提到潘季驯对后世治河的巨大影响时说：“我往来河防工地时听说，潘公事迹在百姓中传颂甚广。治河人员只要能记住他《河防一览》中的一两句话，解决问题的能力便能提高。潘季驯治河的功劳难以磨灭，他的名字已彪炳史册。”

“一代能吏”潘季驯到底经历了怎样跌宕起伏的人生？下面将为您一一道来。

第一章　霅溪俊彦

兴王登基

潘季驯出生这年，恰是“道士皇帝”嘉靖登基之年。

事情还要从潘季驯出生的前两年，即明正德十四年（1519）说起。这一年，宁王朱宸濠在江西起兵叛乱，正德皇帝不顾劝阻，御驾亲征，可南下大军才过涿州（今河北省涿州市），就收到前方战报：南赣巡抚王守仁（王阳明）仅用三十五天就平息了叛乱。尽管如此，正德皇帝仍执意出京。“征讨”大军一路游山玩水到达南京。折腾了八个月，正德皇帝在“受俘”后才勉强同意北上返京。回程时，正德皇帝又登金山，游镇江，渡长江到瓜洲后北上。正德十五年（1520）九月，正德皇帝途经淮安府清江浦（今淮安市清江浦区）时，见水上风景非常好，玩兴大发，亲自驾小船下河捕鱼。不料收网时因鱼多，用力拉扯时失去平衡，正德皇帝不慎由船中落水。可怜这位大明皇帝自幼在北京长大，不习水性，慌乱中呛水受惊，再加上秋气渐凉，不幸染上了疾病，身体每况愈下。正德十六年（1521）正月，正德皇帝一行回到北京。正月十四日，他仍硬撑着到南郊主持祭祀。行礼时，正德皇帝忽然口吐鲜血，瘫倒在地。这年三月，弥留之际的正德皇帝对身边太监坦承自己的“过错”，并希望皇太后与内阁大臣们审慎商讨继承人问题，说完就驾崩于京师的豹房中，时年三十一岁，后葬于康陵，庙号“武宗”。

明武宗正德皇帝像

武宗无子嗣，应按《皇明祖训》的“兄终弟及”原则选立新君。但武宗的父亲孝宗朱祐樘无其他子嗣存世，宰辅杨廷和只好继续上溯，发现明宪宗朱见深第四子朱祐杬（即兴献王）有一子朱厚熜（即武宗皇帝的堂

明世宗嘉靖皇帝像

弟）知书达理、聪慧过人。于是杨廷和让司礼监请太后懿旨，请立朱厚熜为嗣“入继大统”。朱厚熜随即从湖广安陆（今属湖北省钟祥市）启程赴京。可没想到朱厚熜一行到达京郊良乡时，旁生枝节。礼部上表建议朱厚熜尊孝宗为皇考，改称兴献王朱祐杬为皇叔父，并请朱厚熜以皇太子礼继位。可朱厚熜反对，他对身边的人说：“懿旨让我继承皇帝大位，又不是让我来当皇子。”宰辅杨廷和等大臣与朱厚熜互不妥协，最后由皇太后令群臣妥协上笺尊兴献王为兴献帝，朱厚熜才在郊外受劝进笺，从大明门入京，随后在宫中奉天殿即位，次年改元为嘉靖元年。这一插曲也拉开了嘉靖帝与朝臣间长达多年的“议礼之争”。

小贴士：明显陵

明显陵位于湖北省荆门市钟祥市城东北的纯德山，始建于明正德十四年（1519），是世界文化遗产明清皇家陵寝的重要组成部分。

显陵是明世宗嘉靖皇帝父母的合葬陵寝，由兴献王墓改造而来，历时47年建成，是中南地区唯一的明代帝陵和最大的明代单体帝王陵。显陵在中国历代帝陵中独创“一陵两冢”建制，是嘉靖朝“议礼之争”的产物。显陵建有两座宝城、两座地宫。前宝城、前地宫始建于明正德十四年（1519），是兴献王朱祐杬死后按藩王规制所建。后宝城、后地宫建于明嘉靖十八年（1539），嘉靖南巡到钟祥时，为其父母亲重新以帝陵规制修建了新的宝城和地宫。

诗礼传家

正德十六年（1521）四月二十一日，朱厚熜在奉天殿即皇帝位。几天后，远在江南太湖之滨的浙江湖州府乌程县汇沮村（今浙江省湖州市吴兴区环渚乡常溪村）的潘夔家也迎来了他们的第四个孩子，秀才潘夔已有三个儿子骧、骖、骏，又以伯、仲、叔为序。这第四个儿子，潘夔依然希望他能成为骐骥良驹，因此给他取名“驯”，又以齿序排行为“季”。

湖州古为吴地，是“三吴”里的“吴兴”。秦灭楚后设置乌程县，三国东吴又设置吴兴郡，唐代设置湖州，元代设湖州路，明代设为湖州府，府治设在乌程县。宋代又从乌程县析出东部新设归安县，一府两县同城而治。湖州城外西有“苕溪”，东有“雪溪”。苕溪浑、雪溪清，二水在城内汇为一水，穿城而过，所过之处，流水潺潺，人称“水晶宫”。湖州坐拥万顷太湖，气象万千，水网密布，不但是江南著名的鱼米之乡，也是南北水路交通的咽喉要冲。湖州境内的大钱港、小梅港等历来为江南运河漕运的枢纽，而地方特产湖笔、茶、丝绸也因其上乘的品质而行销天下。绝佳的自然环境、便利的交通、肥沃的土地让湖州成为江南地区首屈一指的富庶水乡。繁荣的经济也给湖州带来了发达的文化。《与陈伯之书》的作者丘迟、《诗式》的作者皎然、词人张先等皆为湖州乡贤。物华天宝、人杰地灵的湖州，就是潘季驯的故乡。

潘家为乌程当地的望族。据潘氏族谱，潘氏本出姬姓，为周文王之子毕公后裔，毕公受封于荥阳潘邑，子孙皆以邑为姓。后来，天下潘氏皆以荥阳为郡望。荥阳潘氏在西晋时出了两位大诗人，即当时“三张二陆两潘一左”中的“两潘”潘岳、潘尼叔侄。潘尼去世后，其子举家迁来乌程（潘氏世居的汇沮村旧属乌程县，北宋太平兴国年间新设归安县后，属归安县管辖），历七世出了孝子潘综。又传三十一世而有潘孝（潘季驯因治理黄河、淮河、运河有功，受皇帝恩荣嘉奖，重修祖

潘孝墓华表立柱（潘宏恩 摄）

父潘孝墓，此墓现为全国重点文物保护单位），潘孝生子潘夔，就是潘季驯之父。潘夔少年便闻名乡里，被同乡、官拜刑部尚书的太子太保闵珪看中，把女儿嫁给了他，生了潘氏四兄弟。然而潘夔因时运不济，没取得功名，只好培养四个儿子。长子潘伯骧曾官至桂阳知县；次子潘仲骖为嘉靖二十年（1541）二甲进士，官至安庆知府；三子潘叔骏曾任南京龙江关提举。科场失意的潘夔可能想不到自己的四个儿子里竟然能有两位高中进士，而且这第四子，竟能成为一代治水名臣，彪炳千秋。

小贴士：鱼米之乡湖州

湖州有“五山一水四分田”之称，拥有较为开阔的平原，耕地资源、水资源丰富。湖州利用太湖灌溉，在太湖南岸修成渠塘纵横、水网密布的人工水系。湖州因此成为江南地区富庶的“鱼米之乡”。宋代，湖州开始向外销售稻米。到明清时期，湖州米行街更是繁盛一时。湖州米行街临市河而建，筑起了石驳岸码头，供四乡米船停泊，沿街曾有正生、洪昌、震远、隆昌等10多家米行，街的另一面则有丝行、药店、茶店、南货店等。

北上赶考

潘季驯早年的经历可以说是顺风顺水，乌程潘氏一族虽鲜有名臣贤士，但也是当地数得上的“耕读世家”，且潘季驯母系闵氏一族因其外祖父闵珪身居高位，在地方上也算显赫。潘季驯幼年就资质聪颖，出类拔萃，七岁时即能通晓《春秋》及经传、写得一手好诗文，因此被招入归安县学读书。少年潘季驯不但文采出众，道德人品也颇为人称道。潘夔曾因一次诉讼被扣押于县衙，少年潘季驯为父申冤，径直闯入县衙公堂，慷慨激昂，据理力争，终于为父洗刷不白之冤。

闵珪像（《中国历代人物图像集》）

嘉靖十三年（1534），潘季驯的二哥潘仲骖乡试中了举人，并在嘉靖二十年（1541）中辛丑科二甲第五名进士，随后被授官翰林院编修。二哥潘仲骖登第这年潘季驯已二十一岁，他虽已成家（娶光禄寺丞施仑之女为妻），但二哥的成功在激励他的同时也为他带来一丝建功立业的压力。随后的几年，潘季驯刻苦读书，终于在嘉靖二十八年（1549）乡试中举，并于嘉靖二十九年（1550）春，登船北上，进京参加会试。

明清两代科举登第者，以江浙两省居多，其中一个客观因素就是江浙两地位于京杭大运河的南端，一路北上的交通线路较为通畅，旅行十分便捷。举子们日夜兼程，一个多月就可赶到三千里外的京师，相较于南方其他诸省，可谓便利。嘉靖二十九年（1550）春，潘季驯搭上了霅溪边驮兜桥下的商船，开始了自己人生新的征程。前途未卜，潘季驯未免心情忐忑，但是第一次出远门的潘季驯很快被运河两岸的水文风景、人文民俗所吸引。而立之年的潘季驯也许想不到，这条长长的运河，竟然成了他仕途生涯中最重要的工作对象之一。

潘季驯坐船出湖州东行，顺着大运河支线頔塘运河到达苏州府平望镇后，掉头向北，沿大运河经苏州府、常州府到了长江边的镇江府，全程800多里的江南运河几天就通过了。由镇江京口过长江后就到了江北扬州府的瓜洲，从瓜洲古渡口继续北上扬州府再到淮安府，此水道本为吴王夫差所开“邗沟”，后隋炀帝疏浚运河，称其为“山阳渎”。到明代，淮扬间这一段三百七十余里的运河

清口枢纽遗址（潘宏恩 摄）

因水网密布、湖泊众多，行船多借道沿途的管家、射阳、白马、邵伯诸湖，因此也被称作“湖漕”。顺着明初平江伯陈瑄所开“清江浦”继续北上，就到了凶险无比的黄河、淮河、运河交汇处——清口。从清口到徐州的五百余里运河需要借黄河河道而行，所以被称为“河漕”。黄河自从四百多年前夺淮入海后，处理黄、淮、运之间的复杂关系就成为历代统治者最头疼的问题之一。奔涌而下的黄河携带的巨量泥沙，让黄河河床逐渐淤高成了“地上河”，这就意味着每年夏秋季降雨增加时，上游汹涌的来水不但有冲垮下游堤坝的风险，对运河航运的威胁也不言自明。潘季驯在初春路经黄河时，枯水期的黄河沙渚密布，船工在洲渚间左弯右拐，小心行驶。舟中的潘季驯并没有意识到这有什么不寻常之处。他在后来编写的《河防一览》开篇就提及当年这次旅行。他说：“我生来愚笨，从小生活在东海之滨。从来没了解过黄河、淮河。成年后北上考试、后来又南下，都是由着船工驾驶，在黄河的沙渚间辗转躲避行进，还以为黄河河道本来就应该是这个样子。”从徐州继续北上，过山东，穿北直隶，抵达通州后再西入东便门，潘季驯平生就第一次来到了大明的心脏——京师。

小贴士：頔塘运河

頔塘，又名荻塘，是京杭大运河的重要支线，自苕溪引出后，从湖州东门二里桥向东，经升山、塘南、晟舍、苕南、东迁各乡至南浔镇，继而向东达苏州平望与京杭大运河会合，流入太浦河，全长33千米。塘两侧阡陌交错，桑林遍野，盛产鱼米蚕丝，是湖州市与嘉兴、苏州、上海等地水上联系的主要通道。

庚戌之变

嘉靖二十九年（1550）春，潘季驯迎来了自己人生的大转折。庚戌科殿试后放榜，潘季驯考中三甲第七十三名，顺利登第。新科进士们或进入翰林院，或在等待“听选”分发地方，他们一个个踌躇满志，准备大干一场，却不料遇上了俺答汗入侵的“庚戌之变”。

几千年来，草原游牧民族多喜欢在秋天草肥马壮时南下掠夺中原农耕民族，以置备越冬物资。嘉靖二十九年（1550）六月，蒙古土默特部首领俺答汗以通贡开互市遭到拒绝为由，率军进犯大同。靠贿赂权臣严嵩当上大同总兵的仇鸾重金贿赂俺答，请求他不要攻打大同，转攻他处。于是俺答移兵东去，八月十四日，攻入古北口，杀掠怀柔、顺义百姓无数，守卫明军一触即溃，俺答长驱直入，在潞河东二十里之孤山、汝口等处扎营，前锋七百骑驻扎在安定门外教场。

消息传来，京师紧急戒严并动员各地“勤王”。当时各地勤王兵先后有五六万人，大多得令后未备辎重粮草即赴京师。行军二三日后，军士始得几张饼充饥，肚子都吃不饱，还哪能打仗？

面临如此危急的局面，嘉靖皇帝却仍沉迷于斋醮，久不问政。群臣进谏，他才到奉天殿听报告，却又一言不发，只是命礼部尚书徐阶督促百官上城防御。

兵部尚书丁汝夔问严嵩对策，严嵩说，在外打仗，败了尚可以掩饰，在京畿如果出战失败，无法掩饰。俺答不过是掠食强盗而已，倒不如让他们抢够了，也就退兵了。

丁汝夔据此严令诸将勿轻战，诸将皆坚壁不战，不发一箭。俺答本也无意攻城，在城外焚掠、骚扰八日之后，得到明朝通贡的允诺，才由古北口出塞，慢慢退兵。事后，严嵩杀掉执行他的命令的丁汝夔以灭口塞责。这次事变史称“庚戌之变”。

这一场事变，对于当时在京师的各级士人官吏的刺激十分强烈。嘉靖皇帝不问国事，严嵩父子跋扈，军中腐败，国家在面临外寇进犯时竟然束手无策！

这些残酷的现实对于新科进士潘季驯等人无疑是莫大的羞辱。这也许就是他从政后立志革除弊政的一个重要原因。

小贴士：俺答汗与庚戌之变

俺答汗，明代蒙古土默特部首领、政治家、军事家，达延汗之孙。嘉靖二十九年（1550），俺答汗兵临北京城下，劫掠后撤回，史称“庚戌之变”。明朝政府勉强同意通贡互市，后开放马匹交易。由于贸易逆差，明朝又单方面关闭马市，导致双方再次开战。隆庆五年（1571），在张居正主持下，双方达成朝贡互市协议。明朝册封俺答汗为顺义王，开放十一处边境贸易口岸。

第二章 宦海浮沉

初出茅庐

嘉靖二十九年（1550）冬，新科进士潘季驯出京南下，赴任江西九江府推官。明代官制里的“推官”是地方知府的辅佐官，属顺天府、应天府的推官为从六品，其他府的推官为正七品，但凡府衙门里的公务，例如司法、财政、人事等都要参与办理。潘季驯在九江府推官任上办理司法案件时经手了一桩冤案。一个叫刘云四的百姓，因遭仇人陷害而无辜坐牢，并被判决死刑待斩。潘季驯接手后，经过调查发现冤情，于是向上报告。最终，刘云四得以沉冤昭雪，无罪释放。这起案子轰动一时，他因此赢得了民心。

而在经济制度改革上，潘季驯也显露出“经世之才”。中国古代繁重的徭役负担一直让百姓叫苦不迭。繁重的徭役对于农业生产的影响非常大。所以到了明代，江南地区开始试行从劳役地租转向货币地租的役制改革。潘季驯发现在九江府内设有用于邮传驿站的“力差”制度，就是在官方驿站所在地区，要求当地百姓为驿站提供劳役和物资供应。这大大加重了百姓的负担。于是，潘季驯将自己家乡已经推广的赋税改革经验介绍过来，推动九江府当地的邮驿赋税制度改革，将过去百姓出力出物的“力差”改为“银差”，由民户直接交纳一定的费用，再由官府出面招募劳工，而传邮官员则直接向官府收取邮费。这样大大简化了税制，方便征收税款，同时使地方官员难于作弊，有效地抑制了里甲吏胥和传邮官员的巧取豪夺。这不但减轻了百姓的实际负担，也间接增加了政府的财政收入。其实这就是后来张居正主持的“一条鞭法”赋税改革的先声。

嘉靖三十三年（1554）正月，三十多岁的潘季驯因有政绩，被任命为江西道监察御史。但是他刚上任不久，就传来父亲潘夔去世的噩耗。潘季驯马上告假回湖州“丁忧”。在中国古代，遇祖父母、父母丧事，子女按礼须守丧三年，其间不得婚嫁，不得参与吉庆典礼，官员还须离职，称“丁忧”。官员“丁忧”的时间为从得知丧事的那一天起，不计闰，守制二十七个月。明清时期，官员“丁忧”期满，恢复官职，称为“起复”。而在二十七个月中，由皇帝特别指定不许辞职的，称为“夺情”（后来张居正就因为不想中断改革，操纵万历皇帝“夺情”，引来批评）。

小贴士：“一条鞭法”

“一条鞭法”是明代嘉靖时期确立的赋税及徭役制度，由桂萼在嘉靖九年（1530）提出，之后张居正于万历九年（1581）推广到全国。《明史·食货志》记载：一条鞭法者，总括一州县之赋役，量地计丁，丁粮毕输于官，一岁之役，官为佥募，力差则计其工食之费，量为增减；银差则计其交纳之费，加以增耗。凡额办、派办、京库岁需与存留供亿诸费，以及土贡方物，悉并为一条。皆计亩征银折办于官，故谓之一条鞭。就是把各州县的田赋、徭役以及其他杂征总为一条，合并征收银两，按亩折算缴纳。“一条鞭法”使田赋等的缴纳以银子为主体，打破了几千年来的实物田赋制度，对于社会经济的发展具有积极意义。

小试锋芒

嘉靖三十六年（1557）正月，潘季驯“丁忧”期满，“起复”后被重新任命为河南道监察御史，正式开始了监察官员的生涯。潘季驯在任职期间经历的一件事，已显露出他实事求是、爱民恤物的行政风格。潘季驯上任伊始，就接到朝廷命令：奉诏到南京寻找丢失的木材。嘉靖三十六年（1557）四月，京师紫禁城内的“三大殿”（明代称为奉天殿、华盖殿、谨身殿，即今太和殿、中和殿、保和殿）被雷电击中引发火灾，三大殿被尽数烧毁，火势一直蔓延到外朝的文楼（今体仁阁）、武楼（今弘义阁），奉天门（今太和门）、左顺门（今协和门）、右顺门（今熙和门）及午门外左、右廊都被烧毁，嘉靖皇帝不得不在端门上朝。宫殿火灾后重建急需大批珍贵木料。因任务紧急，嘉靖皇帝还派了太监负责核查监督。在核查寻找丢失的一批早年储存的木料时，有官员认为其可能是被埋在一片民居的地基下，于是建议先毁掉几十间民房，再挖开寻找。潘季驯认为这样根据传闻而轻易毁坏民宅的做法太不负责任。他说，这么大一批木材，虽然存放了很久，但它总应有个踪迹。存放地点无法确定，可以多去检索档案资料，以寻找线索。于是他马上组织人员查阅了大量当年的文献档案，最后终于作出推断：这批木材埋藏地点不在民房下，而很可能是在一片大荷塘下的淤泥中。为了验证自己的推断，潘季驯手持铁钩，亲自跳进水塘中钩索，很快就在淤泥中发现了保存完好的木材。潘季驯的行为不仅为他赢得了“爱民恤物”的名声，其经世实干的品格也初露锋芒。

小贴士：故宫太和殿火灾

故宫太和殿（曾名“奉天殿”“皇极殿”）曾遭受多次火灾。明永乐十九年（1421），发生大火，前三殿被焚毁。明嘉靖三十六年（1557），惊雷引火，多个宫殿被焚，包括太和殿。明万历二十五年（1597），归极门（今熙和门）起火，火势蔓延，三殿再毁。太和殿为何多次被焚毁？原因主要为：一、木结构建筑易燃；二、建筑过于高大易引发雷火；三、中国古人没有避雷针的有关知识；四、当时的消防设备难以应对大规模火灾。

铁腕肃贪

嘉靖三十八年（1559）六月，潘季驯调任广东巡按御史。明代都察院下属有十三道监察御史。监察御史平时在都察院供职称为内差（常差），如奉命出巡盐务、漕运就是巡盐御史、巡漕御史，奉命巡按地方就是巡按御史，这些都被称为外差（特差）。而监察御史奉命外出担任巡按御史则是外差（特差）中最常见的。全国巡按御史的分派是：北直隶二人，南直隶三人，宣大一人，辽东一人，甘肃一人，十三省各一人。潘季驯被分派到四千里外的岭南，挑战不小。

这时候的广东，内有盗匪劫掠，外有倭寇侵扰。潘季驯到达广东后，深入基层，轻车简从，足迹遍布广东全境。他沿途收集民情，了解民怨，不但向本地乡耆、生员、商人请教，还亲自走访贫弱，听取他们的控诉。通过实地调查，潘季驯认为：山贼海盗层出不穷的根本原因还是在于政治腐败、官吏贪黩。于是他上书，建议朝廷惩贪除恶、慎重选拔地方官员。他在《慎选民牧疏》中详述了自己革除弊政的见解。他认为广东社会动荡的根源不在“倭乱”，而在政府中多有贪官污吏造成“官逼民反”。

他说自己到达广东之初，潮阳、海丰、惠来等处正闹倭寇，南雄、和平、程乡等处山贼纵横，每天都听到州县的告急消息和老百姓的哀苦之声。虽然自己督促司、道、卫、府、州、县的长官严加围剿，但是将不可靠，兵不能用，下面的人只是一味搪塞，说终归会平定叛乱的。潘季驯说，现在广东的情况有点像东汉时交趾郡的乱象：贪官横行，赋税过重，民不聊生，上告无门，官逼民反。朝廷只能派来贾琮那样有能力、实事求是的地方官，彻底整治吏治腐败、减轻赋税，才能从根本上平叛。

当时广东的吏治到底有多腐败呢？潘季驯说他从这一年上报的考察官员的报告上看到，送来的各地基层官员人数比外省竟然多一倍。广东为什么会有这么多的基层官员？潘季驯发现，都是因为岭南土特产较多，倒卖获利巨大，而且“天高皇帝远”，监督制衡少。以上原因造成了“民少相公多”的局面。针对这一局面，潘季驯建议多任用清官良吏。他认为偏远的州、县得到一位清官良吏，胜于三千、三万雄兵。假如不重视整治偏远地区的吏治，一旦发生民变叛乱，非得用十万大军征剿不可。

潘季驯关于广东吏治腐败的看法不是凭空而来，是与他在任两年的工作见闻密不可分的。他经手的案子里就有一个例子，是贪官、博罗县令离任前被匪徒绑架杀害抢劫，潘季驯认为这样的贪墨之徒遇害，实在是罪有应得。有一个潮州府揭阳县（今属揭阳市）的案子，让潘季驯异常愤怒。潮汕地区靠山面海，地狭民贫，饱受山贼海盗之苦。可就是这样，依然有贪官县令“刮地皮”，为害乡里。遇上举报，还动用关系倒打一耙，恶行令人发指。潘季驯坚决惩处首恶后，树倒猢狲散，依附地方官的各种地痞流氓一夜之间作鸟兽散。

潘季驯像（潘宏恩 摄）

潘季驯在广东短暂任职的两年里，不但铁面惩治官吏腐败，还曾协助地方抵御倭寇。他曾深挖出一个当倭寇“内应”的地方土豪，并成功将其转化为线人，大破倭寇。

小贴士：倭寇

倭寇是指历史上活跃在中国东南沿海以及朝鲜半岛沿海一带的海盗集团，除沿海劫掠以外主要从事走私贸易。这个名词由“倭”和“寇”两个字组成：“倭”是中国古代对日本的称呼，有时也泛指日本人。“寇”意为盗贼、侵略者。“倭寇”的意思是“日本盗贼”或“日本侵略者”。实际上，倭寇的成员并不全是日本人，其中也包含了朝鲜人、中国人，甚至一些东南亚人和欧洲人。他们以抢劫沿海居民、商船和城镇为生，活动范围广泛，严重威胁了当时中国沿海地区的安全与稳定，并对当时的东亚、东南亚海上贸易造成了极大的破坏。倭寇问题在明朝中后期尤为严重，朝廷多次派员经营海防，但因腐败而难有成效。直至嘉靖年间戚继光、俞大猷等将领采取有效措施，才逐渐平定了倭寇之乱。明代严厉的海禁政策与沿海地区的商贸利益之间矛盾尖锐，导致倭寇问题成为社会治理中的“顽疾”。

岭南扬名

除上述以外，潘季驯在广东还有关于地方政治改革、赋税减免等方面的诸多见解或实际举措。例如潘季驯在广东曾试行“一条鞭法”的内容，根据他的《上广东均平里甲议》，他尝试简化役法，合并力差为银差，以银代役。即先计算州县的需求，做出预算，让百姓依自身劳力纳银。一旦有公务接待或者公费支出，则统一由官府出银或派人购买，里长只在官府处理公务，甲长则全部下放回家务农。取消了官府与民户间的中间环节，减少里长、甲长等对民户的盘剥。

在粤期间，巡按御史潘季驯虽然品级不高，权力有限，却仍然尽力办成不少实事，颇有政绩。潘季驯任职期满北上回京前，不少当地百姓扶老携幼、出门挽留，还有用肖像为他立生祠的。甚至有三位隐居山中的百岁老人听说他离任，特意出山来求见拜访。潘季驯也对工作了两年多的岭南多有留恋。他在离任北上，路过韶关时，赋诗一首：两年怀土望，今日始言归。江山摇空碧，山云带晖晕。袖中新谏草，箧里旧征衣。尚有罗浮月，相随耿素辉。

这次北上后，等待他的又会是什么样的命运呢？

小贴士：潘季驯的岭南诗

潘季驯的诗文别集《留余堂集》中收录了大量他早年在广东时期的诗歌，例如《舟过博罗望罗浮山》《同张黄门顾侍御晏集海珠寺》《春日自雷阳发岭西》《春日阳江晓发道中书怀》《恩平道中得旋字》《春日发东粤郡守潞南公饯别岘山》《春日度岭经张曲江故里》《驻节潮阳即同郡寮祝圣一首》等，这些诗作不仅记述了他在广东的工作经历，也对与他处迥异的岭南风光着墨甚多。

命运转折

嘉靖四十年（1561）潘季驯回任河南道御史，后改任顺天府提学御史（又称督学御史或提督学政），负责顺天府生员考试。尽管在地方上干得风生水起，可一旦回京，决定潘季驯仕途命运的不过还是些人情世故。在京期间，他因为不徇私情，就曾得罪过宫中的掌权太监。可想而知，潘季驯在处处是陷阱、步步是暗雷的京师官场上难有作为。他就这么任了两年多的闲职。后来朝中政局突变，潘季驯等来了新的机会。

嘉靖四十一年（1562），大学士徐阶将善于扶乩的山东道士蓝道行介绍给嘉靖皇帝。某一日，蓝道行在扶乩时说“今天有奸臣来奏事”，刚好严嵩求见嘉靖帝，早已对严嵩父子专权不满的嘉靖帝因此心生厌恶。随后，徐阶又让御史邹应龙弹劾严嵩父子贪赃。嘉靖皇帝下令逮捕严世蕃，勒令严嵩退休，徐阶则取代严嵩为首辅。嘉靖四十四年（1565）严世蕃被斩首，严嵩被没收家产，削官还乡。

政局的剧烈变化，使得潘季驯重获重用。严嵩父子倒台，新任内阁首辅徐阶一面肃清朝中严氏余党，一面加紧提拔重用一批值得信任的中下层“能吏”。当年庚戌科会试时，徐阶是潘季驯的“座师”（明清举人、进士对主考官的尊称），现在他急于用人，出身好、有能力的潘季驯自然获得青睐。嘉靖四十二年（1563），潘季驯升任从五品大理寺右寺丞。不到一年，潘季驯又任正五品大理寺左寺丞。嘉靖四十四年（1565），潘季驯升为从四品大理寺右少卿，同年再升为正四品大理寺左少卿。就在这一年年底，完成肃清严党任务的潘季驯被任命为都察院右佥都御史，出京辅佐工部尚书朱衡修治黄河，由此开始了他跨越二十七年、前后四次的治河生涯。

小贴士：徐阶

徐阶（1503—1583），字子升，号少湖，松江府华亭县（今上海松江区）人。他是明朝中后期的著名政治家，嘉靖后期至隆庆初年任内阁首辅。徐阶早年师从聂豹，聂豹是王守仁之再传弟子。徐阶是嘉靖二年（1523）进士，授翰林院编修；嘉靖九年（1530），被贬为福建延平府推官；嘉靖十八年（1539）回京，历任国子监祭酒、礼部右侍郎、吏部右侍郎、礼部尚书；嘉靖三十一年（1552）因擅长青词获嘉靖帝器重，入内阁十年，在严嵩父子倒台后接任内阁首辅。累官至少师兼太子太师、吏部尚书、建极殿大学士。嘉靖帝驾崩后，由他起草遗诏，革除弊政。隆庆二年（1568），徐阶致仕。万历十一年（1583），徐阶病卒，追赠太师，谥号文贞，著有《世经堂集》《少湖文集》等。

第三章　首度治河

问题由来

嘉靖四十四年（1565）七月，雨季来临，黄河在徐州沛县境内决口。从新集到庞家屯，黄河决口范围越来越大。汹涌的河水如出笼的猛兽，四下游走，从沛县注入昭阳湖。沛县至徐州数百里间一片汪洋，百姓伤亡、农田屋舍毁坏不可计数。这一次黄河决口也破坏了山东至江苏段的运河漕运。山东济宁至徐州段大运河本来是靠昭阳湖水补给济运，黄河决口后，洪水冲毁运河大堤，涌入昭阳湖中，以徐州为中心，上下二百多里的运河河道全部淤塞。

汛情紧急，新任内阁首辅徐阶紧急任命新任工部尚书朱衡总理河漕，南下抢险，又抽调潘季驯辅佐他，一道前往。徐阶在以嘉靖皇帝名义发给潘季驯的谕旨上说："最近，沛县以北运河河堤屡次被决口的黄河冲毁。现在特任命你去修治河道、管理河工、监督河务及其他事务。要亲力亲为，多方筹划。遇到河道淤塞之处，务必要疏浚。黄河北岸各堤岸，要修筑高厚，以预防不测。遇到沿线地方有水患，要就地寻访水源，并多修筑水利工程围堵，严格监督地方官员的有关工作。”从行文措辞就可以看出徐阶对治理黄河保证漕运这件事的重视程度。为什么治理黄河这么难？而保证漕运又如此重要呢？

小贴士：昭阳湖

昭阳湖初现于宋末元初，约完成于清康熙年间。最初由昭阳、塔具、孟阳、满家等7个小湖组成。嘉靖《徐州志》载：昭阳湖在（沛）县八里。民国《沛县志》引《齐乘》载：昭阳湖，亦称山阳湖，俗称刁阳湖。元代时的昭阳湖面积很小，周围不过六七里。明代初期发展到“周围可十余里，溢水由金沟闸入运”（《山东通志》）。明永乐九年（1411），工部尚书宋礼重开会通河，把昭阳、安山、南旺、马场四湖作为运河水源，随着蓄水济运，昭阳湖的面积逐渐扩大。

南宋建炎二年（1128），为了抵御金兵南下，东京守将杜充在滑州（今属河南省安阳市）决开黄河大堤，黄河由决口奔涌而出，从此难以被驯服。

金章宗明昌五年（1194）黄河在阳武（今属河南省新乡市）故堤决口，洪水迅速吞没封丘县，一路南下侵入了淮河河道。

据《尔雅》记载，淮河本为“四渎”（即黄河、长江、淮河、济水）之一，原本有自己独立的水系和入海口，天然形成的淮河水系千百年来一直滋养着两岸的百姓。因此，在唐宋前，民间一直有“走千走万，不如淮河两岸”的说法。

然而，自从黄河夺淮入海后，破釜塘、白水塘、富陵湖、泥墩湖、万家湖等淮河下游的天然陂塘和大小湖连接成洪泽湖。淮河长期不再有自己的入海口，或在三江营入长江，或在洪水涌来时干脆变成一条肆虐的内涝河。

自明中叶以来，每当淮河水涨时，西风激浪，白波如山，数百里内的百姓都惶恐不安，这样的局面已经持续了数百年。

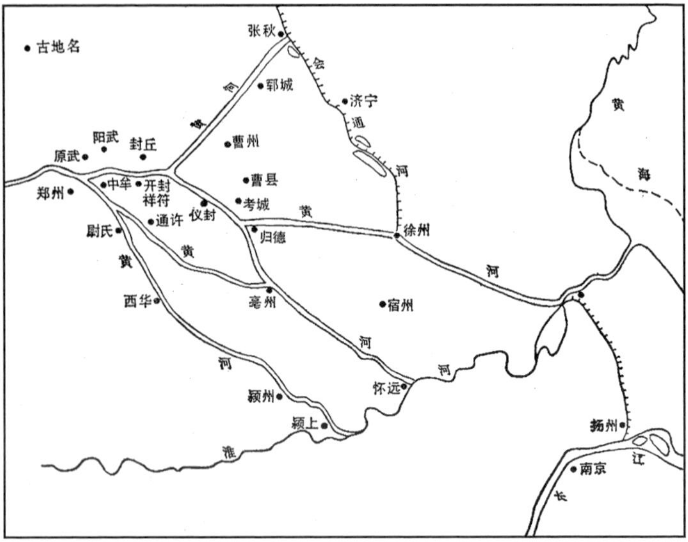

明代中期黄河下游示意图（《黄河水利史述要》）

小贴士：黄河改道

黄河以“善淤、善决、善徙”而著称，向有“三年两决口，百年一改道”之说。据黄河水利委员会统计，在公元前602年至1938年间，黄河下游决口1590次，大的改道有26次，黄河下游改道影响重大。

治河之难

治理黄、淮水患已经是天大的难题，可另一方面，还要解决穿越黄河的大运河的问题，这让本来就错综复杂的关系变得更加难以厘清。洪武元年（1368），明太祖朱元璋建都南京。后来明成祖朱棣通过“靖难之役”取得皇位后，出于政治和军事上的考虑，决定把国都迁往北京，“天子守国门”。然而北京远离经济中心，为了调运南方粮食供应京师庞大的人口和驻军，明永乐九年（1411），明成祖命令工部尚书宋礼等重修会通河，初步打通了大运河。此后，漕粮、漕银、南北物资、皇家用度都要倚靠大运河的水上运输。大运河也就此成为明清两代朝廷赖以生存的经济命脉，维系大运河漕运畅通成了明清两朝政府在五百多年里最重要的工作之一。但因为黄河、淮河是东西向，大运河则是南北向，黄、淮、运交叉就不可避免。所以，明永乐朝以后的治河重点是治黄河、保漕运、导淮河。黄河在淮安府淮阴县（今淮安市淮阴区）附近的清口与淮水交汇，由安东县（今属淮安市涟水县）云梯关入海。清口原是泗水入淮之处，后变成黄淮交汇之口和洪泽湖出口。洪泽湖既要

古云梯关遗址（潘宏恩 摄）

清口枢纽遗址（潘宏恩 摄）

迎淮河来水，又要为运河供水，还要蓄水以抵御黄河倒灌，并用淮河的清水冲刷黄河泥沙。所以在明代，清口的治理成为协调黄、淮、运三者关系的关键。那么，在嘉靖朝之前，明代是如何治河的呢？

从明初开始，治河官多采用在黄河北岸筑堤、南岸分流以保证漕运通道畅通的策略。例如嘉靖年间负责总理河道的都察院御史刘天和就主张黄河的防御，以北岸为重，他甚至认为让黄河在洪水期南纵，是国家之福、运道之利，南岸的郡县城市只要修堤坝保护、不被冲垮就行，受灾的百姓可以免除他们的赋税，不让他们被迫流浪就好了。在这种主导思想下，明代治河官无论是徐有贞、白昂还是刘大夏、刘天和都沿用“北堵南分”以保护运河运道的治河策略。

但是，历任治河官都没摸透黄河的“河性”。携带着上亿吨泥沙从黄土高原奔流而下的黄河可不是清冽的江南溪水可比的。

治河官们认为黄河“分则事小，合则事大”，却无视黄河多泥沙的问题。黄河携带大量的泥沙，在分水后因为水流变缓、水势减弱，造成泥沙沉积、河道淤塞。治黄时屡次把黄河水向南分流，不但没有平息水患，反而导致黄河走势越来越不稳定，下游河道河床不断被抬高，以至于黄河常倒灌进其他水系河流。

于是，治河官只能见招拆招，又继续在河南岸加固堤防。到了嘉靖四十四年（1565）潘季驯第一次接手治河时，黄河形成了河道忽东忽西，分流众多，自山东到南直隶一片弥漫混乱的局面。那么潘季驯该如何着手解决这个难题呢？

小贴士：黄河夺淮入海

淮河本是一条独流入海的河流。历史上黄河中下游河道多次改道，特别是黄河在宋金时期夺淮夺泗入海，淤塞了淮河下游入海通道，洪水排泄不畅，四处泛滥，侵占了淮河的入海河道，使得原本成形的淮河水系出现紊乱。挟带大量泥沙的黄河，使鲁南的沂、沭、泗河不能入淮；苏北淮阴以下入海河道被夷为平地，逼淮从洪泽湖南决入江；无数支流和湖泊被淤浅或被荒废，整个淮河水系遭到彻底破坏。明嘉靖二十五年（1546）后，人为把黄河引入泗水南流，和淮河一起入海。由于黄强淮弱，淮河下游积沙渐高，形成地上河。

主辅之争

山东菏泽曹县在五百多年前的明代嘉靖年间，属于山东曹州。彼时的曹县是饱受黄河水患困扰的苦难之地。从曹州以下至南直隶徐州的黄河，一到雨季就会四处横流，甚至淹没整个地区。可怜这一片原本肥沃的土地，因为水患而变成泽国，百姓只能被迫逃难。

嘉靖四十四年（1565），潘季驯受命辅佐工部尚书朱衡，一起来到这里，研究如何治理黄河水患、恢复漕运。朱衡（1512—1584），字士南，号镇山，江西万安（今属江西省吉安市）人，嘉靖十一年（1532）进士，历任刑部主事、郎中，福建提学副使，后任山东布政使、山东巡抚、工部侍郎、吏部侍郎。嘉靖四十四年（1565），他先任南京刑部尚书，再改为工部尚书，总理河漕。朱衡从这一年开始总理河漕事务，前后长达十年，颇有建树。根据《明史》的记载，朱衡为人性格刚直，很有主见，百折不挠。这样的性格对于处理紧急状况大有裨益，但是像治河这样大规模系统性的工程，没有同僚间的信任与合作很难完成。朱衡因为性格原因，先是与潘季驯不和，后来又得罪了万历首辅张居正，最后受弹劾被迫退休。

主官的这种性格决定了潘季驯第一次治河的经历是不愉快的。

嘉靖四十四年（1565）十一月，潘季驯领旨后沿大运河一路南行，到山东济宁府河道总督衙门上任。随即赴沛县夏村集治河工地勘查。朱衡已先期抵达，二人会合后，一道从山东济宁的南阳口出发，沿昭阳湖湖岸向南，到达沛县百中桥。到百中桥后发现河水分为两支，一支从微山留城经黄家闸、大小溜沟等至铜山县（今徐州市铜山区）的境山，这是运河故道；一支从沂山至窑沟等处出铜山县的境山，这是黄河决堤后新冲出来的支河。

关于如何治河保漕，朱衡认为昭阳湖西岸的运河故道已经淤积，而湖东由右都御史盛应期开凿的新河河道基本还在，于是决定开挖疏浚新河。但是潘季驯认为开浚新河的代价太大，不如恢复淤塞的运河故道。二人意见相左，互相无法说服，于是决定各自上奏朝廷。但很快，潘季驯在实地调查后发现，昭阳湖西的运河故道确实无法恢复。但他依然认为朱衡的方案代价过高，且地势高、地形复杂，筑堤难度太大。所以他又修正观点，改为主张开导上游黄河故道（即曹县以下的黄河“贾鲁故道”），疏浚下游秦沟、浊河。但朱衡也有自己的理由，他认为修复黄河故道会把鱼台、沛县的水患转移到萧县、砀山。且按照潘季驯的想法征调三省役夫三十万，在黄河巨澜中筑几里的坝，代价更惊人，稍有不慎还会前功尽弃。所以，他认为不如在黄河南岸修堤防，防止河水向南。而在河北岸，让沛县以北数百里成为泄洪区，同时疏浚其他黄河支流，而当下为恢复漕运，应将昭阳湖西的运河故道迁到昭阳湖的东岸，以躲避黄河水势。朱衡坚持己见，在上奏后就命令运河新渠开工，还对持反对意见的僚属予以惩罚。

坚持己见

朱、潘意见不一，朝廷无法判断，这时，朱衡强行开工，被下属举报弹劾。朝廷只好于嘉靖四十五年（1566）二月再派工科给事中何起鸣前往勘查。何起鸣调查后向朝廷报告：恢复黄河故道的困难有五个，开新河的困难有三个。相比较而言，开新河花费更少，且困难可以克服。但是开新河也不能否定潘季驯的恢复故道是有意义的。何起鸣在表面上“和稀泥”，同时暗示朱衡方案更可取。

朝廷于是决定按照朱衡方案，部分采纳潘季驯的修复运河故道的建议，命令朱衡开挖从南阳至留城的新河道一百四十里（即“南阳新河”），又命潘季驯负责疏浚从留城到境山的运河故道五十三里，同时新修秦沟以北河堤三万丈、石堤三十里。

这年夏天，工程接近完成时雨季来临，上游频降大雨，黄河水暴涨，洪水一路下来，冲毁了沛县马家桥新修筑的堤防。消息传来，舆论哗然，朱衡方案的可行性被质疑。工科给事中王元春等人上书弹劾朱衡工程延误，请求罢免他。先前支持朱衡的何起鸣也翻脸，说朱衡开新河方案是失误。事实证明朱衡的判断有失误，潘季驯当初的建议也许才是良策。但事已至此，再回头已难。所以潘季驯以大局为重，再次上书，说感谢王元春肯定自己的方案，但现在朱衡方案的工程接近完工，再推倒重来不现实，不如等到运河工程完成后，再重新考虑疏浚黄河的工程。

一个月后，运河工程完工，漕运贯通。嘉靖帝下旨嘉奖，并允许留用朱衡。运河工程顺利完成，潘季驯又上奏建议重新考虑治黄河的新方案。但不巧的是，嘉靖四十五年（1566）十一月，潘季驯母亲闵夫人去世，潘季驯连忙放下手中的工作，回湖州丁忧。

就在一个月后的嘉靖四十五年（1566）十二月十四日，一生迷信道教的嘉靖皇帝因长期服用由砒霜、水银、雄黄、朱砂制成的丹药慢性中毒，死于乾清宫，终年六十岁，庙号世宗，葬于永陵。明世宗去世后，遗诏

明穆宗隆庆皇帝像

裕王朱载垕继位，后改元隆庆。隆庆皇帝登基后，奉先帝明世宗的遗诏，召用旧臣，抚恤去世老臣，下监狱的先释放后，官复原职。由于都察院右佥都御史潘季驯协助朱衡治河有功，隆庆元年（1567）六月，丁忧中的潘季驯被升为右副都御史。

第四章　二次治河

风云突变

隆庆元年（1567），潘季驯在家乡丁母忧。不料，二哥潘仲骖因事被逮捕入狱。潘季驯多方奔走营救，却被人弹劾。他只得在家中低调行事，每日督促家中子弟读书，像是一位乡间的老学究。潘季驯居家期间与王世贞往来甚密。隆庆三年（1569），王世贞任浙江左参政，潘季驯于是常与王世贞等登湖州岘山、飞英塔，往来唱和。王世贞的《弇州山人四部稿》中收录了不少他们之间往来的唱和诗，例如《赠潘中丞时良尝视北畿学按部南中》《邀中丞潘时良大参陆理之登岘山作》《陆大参别余与潘中丞登飞英塔》等。

王世贞（1526—1590），字元美，号凤洲，又号弇州山人，南直隶苏州府太仓州（今江苏省太仓市）人，明代文学家、史学家。嘉靖二十六年（1547）进士，先

王世贞像（《中国历代人物图像集》）

后任大理寺左寺、刑部员外郎和郎中、山东按察副使青州兵备使、浙江左参政、山西按察使，万历时期历任湖广按察使、广西右布政使、郧阳巡抚。后因与张居正交恶被罢官，张居正死后，王世贞起复为应天府尹、南京兵部侍郎，累官至南京刑部尚书，卒赠太子少保，著有《弇州山人四部稿》《弇山堂别集》《嘉靖以来首辅传》《艺苑卮言》《觚不觚录》等。王世贞、王世懋兄弟是江南文坛盟主，潘季驯的女儿后来嫁给了王世贞的儿子王士琪，两家关系自此亲密无间。王世贞又是明末“后七子”的领袖之一，因此，潘季驯与“后七子”多有往来，创作主张、风格也较为接近。

当潘季驯从隆庆元年（1567）到隆庆四年（1570）居家丁忧，一面课子读书（潘季驯与施氏生四子：潘大复、潘龙翰、潘玄授、潘玄孺），一面流连于家乡湖光山色时，三千多里以外的京师政坛已经历了几番地震。

小贴士：前、后七子

前七子是明弘治、正德年间的文学流派，成员有李梦阳、何景明、徐祯卿、边贡、康海、王九思和王廷相七人，以李梦阳、何景明为代表。前七子反对台阁体诗文，主张“文必秦汉、诗必盛唐”，以提振萎靡的诗风。他们掀起了一场明代的文学复古运动。

后七子是明嘉靖、隆庆年间的文学流派，成员有李攀龙、王世贞、谢榛、宗臣、梁有誉、徐中行、吴国伦，以李攀龙、王世贞为代表。李攀龙故后，王世贞领袖文坛二十年。他们受之前李梦阳、何景明等前七子的影响，继续提倡复古，相互呼应，彼此标榜，声势浩大，世称他们为后七子。

隆庆元年（1567），张居正以裕王府旧臣的身份，被擢升为吏部左侍郎兼东阁大学士，进入内阁，参与内阁机务大政。同年，又改任礼部尚书、武英殿大学士。而礼部尚书高拱、吏部尚书郭朴因对徐阶大权独揽颇有微词，不久就被迫相继辞职。隆庆二年（1568），张居正加少保兼太子太保。同年七月，徐阶因得罪了隆庆皇帝被迫辞职。徐阶致仕退休，首辅暂由李春芳代理。隆庆三年（1569），内江人赵贞吉入阁，任礼部尚书。同年十二月，吏部尚书杨博致仕，隆庆皇帝又召回高拱，令他入内阁兼管吏部，高拱重新掌权。

临危受命

潘季驯的治河工程还未全部完成，就回家丁母忧了，工部尚书朱衡得以总揽全局。没有了不同意见，朱衡仍然坚持自己的主张。隆庆元年（1567），朱衡上书请求取消潘季驯的方案，只开浚秦沟，修筑南岸长堤。隆庆二年（1568），朱衡还京。朝廷又任命都察院右副都御史翁大立接替他，总理河道。翁大立看到新开南阳运河较为容易，便按照朱衡方略继续治河。隆庆三年（1569）七月，黄河又在沛县决口，洪水直达徐州，两岸再次成为泽国。同年九月，淮河又决口，自清河县至通济闸直达淮安城西。朱衡的方案基本宣告失败。但坚持首先保证漕运安全的朱衡，仍然得到朝中的支持。所以，翁大立又根据朱衡的策略，提议开“泇运新河”，就是从夏镇（今属山东微山）李家口，东南合彭河、墨河至泇口汇合泇河，让大运河在徐州至邳州段避开黄河，将黄河、运河河道彻底分开，放弃治理黄河，优先保证漕运。隆庆四年（1570）七月，大雨不止，山东沙、薛、汶、泗诸水暴涨，黄河上游洪水又至，黄河再次决口。翁大立面对险情，束手无策。朝廷只好将翁大立调离，请刚起复的潘季驯接任。潘季驯还没有到任，当年九月，黄河自邳州决口，睢宁至宿迁间河道淤塞，运道受阻，朝野震动。十月，翁大立以治河不力，导致运河堵塞的原因，先被罚掉半年俸禄，再被罢官回乡。同时，朝廷严厉督责潘季驯迅速打通黄河运道，保证漕运畅通。

隆庆四年（1570）八月，即将到知天命之年的都察院右副都御史潘季驯临危受命，再次赶往治河一线。九月，他起身赴任。一路北上先到了太仓州王世贞家拜访。王世贞事后在《与潘中丞书》中回忆起当时老友间把酒言欢、其乐融融的场面，依然激动不已。十一月，潘季驯抵达山东济宁河道总督府，开始了一年又六个月的第二次治河工作。这一次，潘季驯作为治河主官，再无掣肘，可以大胆实践自己的主张。而朝廷因为对朱衡方案的失望，也只好支持他。

疲于奔命

隆庆五年（1571）正月，潘季驯督率五万河夫开工治河，开渠、筑泄洪近堤。二月底，徐州、邳州以下的决口已基本封堵。这时，黄河春汛来水。潘季驯急命打开围堰，放水入新开之渠。放水入渠后，潘季驯惊奇地发现黄河水涌入新开之渠后，水流速度急增，渠两岸的泥沙被汹涌的河水带走，河槽被冲击得又宽又深。他突然灵光一现：黄河泥沙淤积，河床抬高，人工难以挑浚的问题是否可以借助于控制水势，让湍急的河水利用势能带走沉积的泥沙，从而达到刷深河床的目的呢？日积月累，河道越来越深广，何愁决堤问题不解决？如果照此方案治河，原本朱衡反对他恢复百余里故道耗费人力、物力过大的难题也可以迎刃而解了。潘季驯于是屡次上书，陈述他的新发现，并提出修筑近堤以约束水流，修筑远堤以防止决口的一系列办法。

新手段、大方略还在酝酿中，汹涌的洪水就来了。黄河春汛将新旧堤防一并冲毁，五万民夫辛苦修筑一个多月的大堤被冲成了筛子，多处决口。治河队伍上下一片悲观气氛。潘季驯忍着背痛，身先士卒，到抢险一线督军、

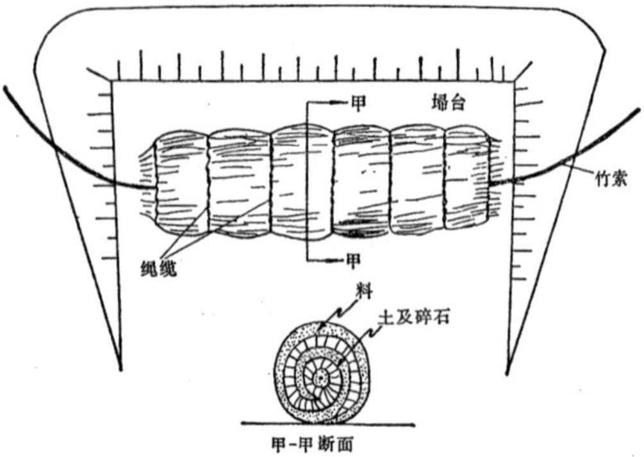

卷埽示意图（《黄河水利史述要》）

慰问。他还写了一道檄文送到河神庙，斥责河神为害，再借河神托梦说此次洪灾是意外，很快就可以退去。潘季驯又令人就地取材，用河柳、草、土泥制成“柳辊”封堵决口，“柳辊”与“卷埽”类似。一个多月后，决口全部封堵。徐州到邳州间的工程接近完工时，山东运河又因久旱缺水告急。潘季驯闻讯又北上。往来奔走南北，他也不免埋怨：“干旱就担心漕运不济，洪涝就担心黄河溃堤，我这苦日子何时才是个头？”

隆庆五年（1571）年底，治河工程接近完工。朝中人却又开始讨论开“胶莱运河”或开泇河了。首辅高拱支持山东地方官提出的开凿胶莱河以海运到京的建议。张居正对此明确反对，而支持朱衡等人开泇河的建议，并写信给潘季驯，命他照此办理，但遭到潘季驯的严词拒绝。张居正被激怒，命给事中雒遵从河上勘工回京后，弹劾潘季驯治河不力、贻误时机，导致黄河决口。就这样，潘季驯的第二次治河工作戛然而止。

小贴士：柳辊

《万历十五年》中对潘季驯利用“柳辊”堵口有如下描述：在河堤合龙和迫使河水改道的工程中，潘季驯使用“柳辊”作为有力的工具。这种柳辊通常长150尺，圆周20尺，制作的方法是先用植物和泥土像织地毯一样构成长块，再用大树和绳索造成中心卷架，然后把这块“地毯”卷在架上，用大树枝和大绳索四周捆紧。这一用泥土、树枝制造的大圆柱体遇水可以膨胀，因而不致被急流冲走。每一柳辊由成百上千的民工拖运到选定的地点，当地尚有上装大石块的舢板，早已准备停当。柳辊就位，舢板凿沉。随着一声号令，大批的民工，把他们已经摆在肩上的泥土以最快的速度堆放在这仓促抢护而成的土堤上。待到决口堵塞，再逐步把堤坝加固。很多地段日后还加砌花岗石，远望一线白色，颇为美观。

第五章　总理河漕

再次出山

明神宗万历皇帝像

隆庆六年（1572）五月二十六日，朱载垕于乾清宫驾崩，庙号穆宗，葬于昭陵。隆庆皇帝一生亲和仁爱，推崇节俭，为政革弊施新，对外达成“隆庆和议”，肃清沿海倭寇。总的来说，隆庆皇帝施政颇有建树，短短六年，天下大治。临终前，隆庆皇帝找来高拱、张居正、高仪三位重臣，立遗嘱托孤，将十岁的太子朱翊钧托付给高拱后，撒手人寰。六月初十，皇太子朱翊钧正式即位，次年改元万历。

万历皇帝即位后，内廷权力斗争随即到来。高拱作

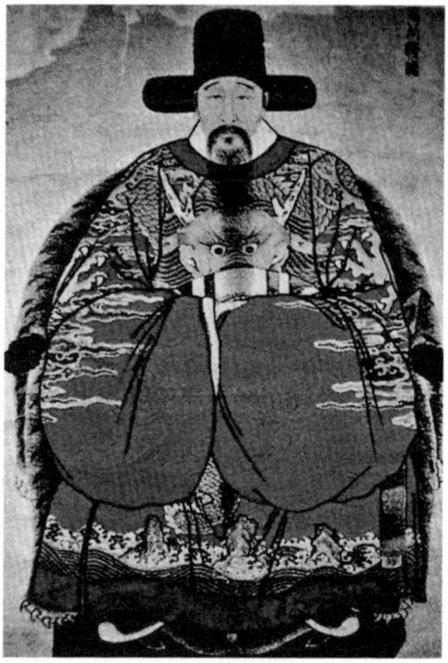
张居正像

为顾命大臣之首，与司礼监掌印太监冯保关系恶劣。冯保虽受宠，但毕竟势单力薄，于是联络野心勃勃的张居正密谋赶走高拱。隆庆六年（1572）六月十六日，内阁首辅高拱在权力斗争中失利。张居正顺利升为内阁首辅，高拱被赶走，高仪呕血三日而亡。隆庆帝当时托孤的三位顾命大臣只剩下张居正一人。自此形成了万历朝初期内廷冯保、外朝张居正的权力局面。

京师官场地震，三千里外的浙江湖州却依旧平和静谧。五十多岁的潘季驯赋闲在家，恢复文人本色，每日与吴国伦、王世贞、王世懋、董份等师友把酒言欢、诗文酬唱，倒也自在逍遥。他还在湖州城东十里的毗山上修建“毗山草堂”，又修“祝亲家庙”，以祭拜祖先。朝中大事、张居正的改革，似乎与他毫无瓜葛。潘季驯本以为自己要就此“退休”了，没想到万历四年（1576）三月，却突然接到了京师来的敕命，令他以原

毗山（潘宏恩 摄）

职巡抚江西，兼理军务。五十多岁的潘季驯急忙上表给张居正推辞：我一个湖州的乡巴佬已经准备就此退休了，怎能担此重任？你们还是另请高明吧。张居正马上回信给潘季驯说：您的能力有目共睹，我们知道您上次被弹劾罢官是冤枉的。现在国家正在锐意改革，正是您再次建功立业的时机，实在不该推辞。我们已经决定了，由您来任江西巡抚。张居正这番话恐怕也出自真心。张居正自从大权独揽后，推出了一揽子的改革计划。“考成法”、“一条鞭法”、整顿驿站制度等措施密集公布。张居正深知大刀阔斧的改革急需潘季驯这样的技术官僚、专业人才，而不是那些只会夸夸其谈、纸上谈兵的京官老爷。潘季驯两次治河都半途而废，壮志未酬的他也隐约觉得这次是个机会，于是接受任命，在这年六月离开家乡，赶赴江西上任。

万历四年（1576）六月到万历六年（1578）二月，将近两年的时间里，潘季驯在江西巡抚任上又啃掉几根硬骨头。

巡抚江西

江西对于潘季驯来说并不陌生，这是他仕途的起点。没想到二十多年后，潘季驯兜兜转转又来到这里。他上任后亟待解决的第一个难题就是江西“匪患”。

江西自古土壤贫瘠，且地势复杂，除鄱阳湖和赣江流域较平坦外，东西南三面环山，全境均为丘陵和山区。较差的自然环境再叠加水、旱、蝗等天灾，百姓常年在贫困线上挣扎。饥荒、瘟疫之下，民风强悍地区的乡民多沦为盗匪。如果地方还有难以根除的吏治腐败，匪患就更加难以平息了。多年的官匪斗争也让双方结怨颇深。潘季驯在给朝廷的报告中写道：这伙“土匪”不抢劫、不杀平民，专门杀官军乡勇，且手段极为残忍。甚至抓到官兵砍作八块，或将士兵砍碎，取出心肺。

面对如此严重的匪患，潘季驯决定以宁州（今属江西省修水县）为试点，全面进剿。出过宋代“江西诗派”代表诗人黄庭坚的宁州位于江西省西北部，同时是湖广地区的门户，与今天湖南的浏阳、平江，湖北的通城、崇阳、通山接壤，是真正的“三不管”地带。过去江西一兴兵围剿，土匪就逃往湖广；反之，湖广围剿，土匪又逃回江西。各地不同步协调，以致土匪有恃无恐。潘季驯为此给张居正去信，提出由两省协同“会剿”土匪并惩办失职官吏。张居正表示同意，并下令两省有司合作。

万历四年（1576）七月，潘季驯派军队进剿宁州，同时派兵防守出口，以免土匪逃跑。各路土匪山贼逃往湖广黄秆坪、浏阳，守备邓子龙又领兵直抵湖南醴陵，擒获吴子明、张足伍等人。进而追击至湘东，擒获王友约、詹孔舜、潘起鸾。追剿的同时潘季驯颁令，宣布“首恶必惩、胁从不问”，剿、抚结合，加快了土匪组织的瓦解。此外，潘季驯还实行严格的奖惩制度以激励军队作战。不足一年，宁州匪乱被平息。通过调查，结合从前在广东积累的经验，潘季驯深刻认识到：军事手段的剿灭只能“治标”，要想彻底根除“匪患”，还需要建立有效的基层社会防卫制度。所以，潘季驯一方面命守备邓子龙改进地方军事防卫体系，实现地方武装协同作战。另一方面，加强保甲乡兵的训练，根除滋生土匪山贼的土壤。潘季驯“多管齐下”，平息了为害二十余年的匪患。这是他在江西巡抚任上的第一件政绩。

小贴士：江西“匪患”

江西西北的修水县地处赣、湘、鄂三省的靖安、奉新、宜丰、铜鼓、平江、通城、崇阳、通山、武宁九县交界处。虽然山清水秀，但因为地处丘陵地带，“八山半水一分田，半分道路和庄园”，人地、族群、阶级矛盾尖锐。自古就有不少农民起义军在此啸聚山林打家劫舍。明清以来官府在此反复“清剿”，依然难以根除此地“匪患”。

“一代能吏”潘季驯在江西的第二件政绩就是经济改革。他发现江西各州县的赋税征调困难，是因为多年来天灾频发，百姓贫苦而地方官贪腐、地方豪绅巧取豪夺，造成钱法混乱、民户逃亡。所以，他首先提请户部蠲免赋税。潘季驯的统计报告显示：江西管辖的六十四个县，县县均有拖欠税款。其中受灾最重的九个县，征到的赋税不及计划的三分之一，另有三十多个县的拖欠比例也超过一半。张居正接报后大为震惊，同意免除部分赋税，这减轻了江西百姓的经济负担。接着，潘季驯发现江西经济混乱的一大原因是商品贸易还处于“以物易物”阶段，百姓不信任制钱，阻碍了货币流通。于是他开始“疏通钱法”，大力推行制式官铸货币，提高了商品的流通效率。

除此之外，潘季驯在主政江西期间推行“一条鞭法”、改革邮驿制度、兴修水利、大力办学等“德政”不胜枚举。连他的好友万恭都知道江西百姓传扬潘季驯政绩的歌谣：“条鞭便天下，保甲甲天下，驿传传天下，钱法法天下。”江西人万恭也是一代治水能臣，他曾在潘季驯第二次治水结束后任职河道总督。潘季驯在上次离职后，治河工程完成了吗?

河、漕之争

潘季驯自从隆庆年间被弹劾离职河道总督后，继任者跟走马灯似的不断更换，而治河的方略也是朝令夕改，甚至在河、漕主官间还有过争执。大明王朝的治黄工程陷入长期动荡和混乱之中。

隆庆六年（1572），工部尚书朱衡接替潘季驯的工作，又调来兵部左侍郎万恭辅佐。万恭（1515—1591），字肃卿，号两溪，江西南昌人，嘉靖二十三年（1544）进士，历官南京文选主事、考功郎中、大理寺少卿，嘉靖四十二年（1563）任兵部右侍郎，上书请朝廷着力选兵、议将、练兵车、火器等事，被批准。后兼右佥都御史，巡抚山西。在山西期间，守边御寇，教百姓耕种及用水车之法。隆庆六年（1572），与工部尚书朱衡总理河道，筑长堤三百七十里，耗银三万两，六十天竣工。又疏浚高邮、宝应地区水道，平息河患。万恭性格坚毅、才思敏捷、学问通达，被称为一代才臣。治水三年，成绩尤其彰著。但工科给事中吴文佳、南京湖广道御史陈堂等竟以“玩忽职守”弹劾他履职不力，万历二年（1574）四月初九，他被罢官回乡；万历十九年

（1591）去世，终年七十七岁。万恭著有《治水筌蹄》一书，总结长期以来治河、治运的经验教训并收录万恭自己的治河思想、方法、措施等，对后世治理黄、运有深远的影响。

小贴士：《治水筌蹄》

《治水筌蹄》是明代万恭编撰的治水工具书。万恭，字肃卿，江西南昌人，曾任总理河道，主持治理黄河、运河的工程。“筌蹄”出于《庄子·外物》，原指渔猎工具，全书由148篇各种治水类文章结集而成。

张居正、朱衡等人当初赶走潘季驯的目的有一部分是想开泇河。可到最后实地勘查后，就连弹劾潘季驯的勘河给事中雒遵也发现潘季驯恢复故道的办法是可行的，而开泇河则难度过大。当初反对潘季驯的一众人这才看到潘季驯方案的价值，朱衡只好上书认错。受命接任河道总督的万恭则直接上书说明“治黄保运、束水攻沙”之策的有效性。万恭本有机会按照潘季驯指引的正确方向大干一场，没想到最后却陷入与同僚漕运总督王宗沐的内耗争斗中。原本河道、漕运两个部门各自分管水利建设、交通运输，遇事还可以互相监督。然而到了明代后期，两司衙门的分管领域已经越来越缠绕不清，甚至出现了以“天妃闸”划界分管的权宜之计。明代河、漕工作的重心就是保证漕运畅通，漕运部门天然压河道部门一头。万恭和王宗沐二人都是争强好胜之人，两人的矛盾最后连张居正都无法调和。万历元年（1573）九月，工科给事中朱南雍弹劾万恭治河不力，罪成，万恭被罢官回家。张居正改派原山东巡抚傅希挚任河道总督。傅希挚素来没有治河的经历，朝廷上各种治河方案吵作一团时，傅希挚倾向于接受开泇河方案。朝臣关于治河方案争吵不休时，黄河水患却不等人。万历三年（1575）八月，黄河在砀山决口北流，淮河在高家堰决口东流，徐州、淮安间一片汪洋。傅希挚只好四处堵漏，治河方案讨论又被搁置。万历四年（1576）二月，吴桂芳接任漕运总督，他坚持利用崔镇的决口，疏通黄河的老入海口。傅希挚却认为应该堵崔镇决口为先。河、漕两大衙门的矛盾再次爆发。张居正调解不成，也厌倦了连续两任河漕官员的内斗，于是动用权力，调走傅希挚，将河、漕衙门合并，治河、漕运交给吴桂芳全权管理。万历六年（1578）二月，掌权不过半年的吴桂芳还来不及实施自己的方案，就于任上去世。张居正面对混乱的治河局面，又想起了还在江西的前任总河潘季驯。于是，潘季驯就这样开始了自己的第三次治河工作。

天时、地利、人和

万历六年（1578）二月，潘季驯转升刑部右侍郎后，旋即被改任都察院右都御史兼工部左侍郎，总理河漕兼提督军务。这次治河，虽然是大权独揽，但潘季驯面对越治越乱、越治越难的黄河，依然忧心忡忡。被赋予前所未有的治河权力的同时，要解决的问题与之前面临的也已不完全相同。他所面对的烂摊子如下。

第一，要统筹黄河、淮河、运河的关系。当时的黄河大小决口达一百三十余处，屡堵屡决，历任治河官员因为无法驯服黄河，已选择“躺平”，任由黄河泛滥。从徐州到清口的黄河沿岸堤防被冲成了筛子，导致五百里“河漕”运道沙淤水浅，漕运被迫中断。淮河情况更糟，长期以来淮河势弱、黄河势强，洪泽湖因黄河水顶托，清口淤塞，淮水排泄不畅，水位急剧上升。隆庆年间，保护淮扬地区安全的高家堰大堤因年久失修被冲垮，淮河向东奔涌，淮扬地区化为一片泽国。高家堰大堤的溃决，带来了一系列连锁反应，山阳、高邮、宝应诸地借湖济运的运河堤坝一并被冲毁。

第二，保护明祖陵并兼顾黄、淮下游城邑的安全、百姓的安危。洪泽湖南岸、泗州（今属江苏省盱眙县）城东的明祖陵是明太祖朱元璋的高祖、曾祖、祖父的衣冠冢。修复高家堰大堤可以保证淮扬地区城市及百姓的安全，但又会导致洪泽湖水位不断上升，威胁明祖陵的安全。这个矛盾也是潘季驯面临的一大难题。尽管困难很大，但是这次治河跟前两次比起来，天时、地利、人和都具备了。天时：张居正统一河漕事权，全力支持潘季驯的治河方略。地利：这是潘季驯第三次治河，他前后数十年走遍了黄、淮、运沿线，各种水情烂熟于胸。人和：这次治河，潘季驯拥有一位得力的助手——漕运都御史江一麟。江一麟任副都御史时曾外放南赣巡抚，与江西巡抚潘季驯搭档。两人共事期间，合作非常愉快。这次将二人搭班子，也许有主政者的良苦用心。

小贴士：明祖陵

明祖陵是明朝开国皇帝明太祖朱元璋之高祖、曾祖、祖父的衣冠冢，也是其祖父的实际葬地，位于江苏省淮安市盱眙县。朱元璋建立明朝后，追尊其高祖朱百六为玄皇帝、曾祖朱四九为恒皇帝、祖父朱初一为裕皇帝，并于洪武十八年（1385）修建祖陵，追封并重葬其祖父、曾祖和高祖，次年在陵前建享殿，永乐十一年（1413）又建棂星门及围墙。祖陵原有殿庶、金门、玉桥、厨库、井亭、宰牲所、拜斋、宿直房、铺舍、碑亭、仪从等，栽植柏树万株，神道全长250多米，两侧立望柱2对，石像19对，规模宏大，气势不凡。清康熙十九年（1680）淮河洪水来袭，洪泽湖水位不断上涨，直至淹没泗州城，明祖陵也沉入洪泽湖底。直到1963年洪泽湖水位下降，明祖陵才得以重见天日，仅剩外罗城城墙及部分残存的石像生。1996年，明祖陵被国务院批准为第四批全国重点文物保护单位。

潘季驯到任后马上展开工作，对沿线进行了实地调研，前后两个多月，南至淮安府、扬州府的淮河下游一带，西达凤阳、泗州，北抵清河（今属江苏省淮安市）、桃源（今属江苏省泗阳县），东到黄河出海口，

盱眙明祖陵石像生（潘宏恩 摄）

足迹遍布黄、淮下游地区。经过调研，潘季驯向朝廷提交了考察报告《两河经略疏》，提出了系统性解决问题的方略，他说，依我的愚见，现在最好修复平江伯陈瑄所建水工，高筑南北两堤以阻绝黄、淮两河内灌；堵塞黄埔口，筑宝应堤，疏浚东关，修五闸，复五坝；堵塞桃源县以下崔镇等决口处；淮、黄二河没了决口，并驱入海，泥沙随水冲刷，海口淤塞得以缓解，上游桃源、清河水道的问题也迎刃而解。这叫以水治水之法。他又将“筑堤堵决、束水攻沙”的想法概括总结为“治河六议”：一是堵上黄河决口保证正流水势；二是加固黄河堤防，防止再次决口；三是修复运河闸、坝，保证运道畅通；四是创建“滚水坝”以加固堤岸；五是停止疏浚入海口工程，节省资金；六是暂缓恢复清口北的黄河故道。工部尚书李幼滋在接到潘季驯报告后给予很高的评价，但首辅张居正仍然拿不定主意，他又反复给潘季驯去信询问，说明自己的顾虑。张居正的疑虑有二：第一，筑堤束水能否保证堤防可靠？第二，堵决口并支流能否保证黄、淮合流后的河道安全？潘季驯只好耐心地从历史讲到现实，全方位地为张居正做逻辑推理，最终说服了张居正。接着，潘季驯又上奏《河工事宜疏》，对治河工程的人力资源、物资调配、工程管理等具体问题进行了安排，后又上奏《勘估工程疏》进一步细化工程项目计划内容和人员安排。在紧锣密鼓的筹措后，万历六年（1578）九月十五日，工程全面开工。不料，徐州道副使林绍、水利道佥事杨化带头抗命。这次张居正果断将二人法办，杀鸡儆猴，以实际行动支持潘季驯总揽全局。潘季驯也因此得以全身心地投入到工程上来。

一朝功成

潘季驯此番治河的重点在修复高家堰，一是因为高家堰工程难度最大；二是因为修筑高家堰的成败，直接关系到工程整体的成败。所以，潘季驯本人亲临一线督工，与前线民工同吃同住，辛苦异常。冬天冒着风雪，与民工住在堰上。春天又迎着风雨，在泥水中往来。潘季驯身先士卒，给施工人员以极大的鼓舞。可是，高家堰工程的难度依然超过预料，经常是屡堵屡决，新堵上的决口隔夜又冲开更大的决口，非常伤害一线工人的士气。潘季驯一面鼓励大家，一面调查原因。事实证明，只要思想不滑坡，办法总比困难多。潘季驯命令工人用“卷埽”填入一个迟迟难以围堵的大决口。为了给众人信心，每放下一个埽，他就站在上面“镇住”。最终，决口被堵上了。经过一年多的紧张施工，筑成堰体三千六百余丈，堵塞大小决口一千余丈，高家堰工程顺利完工。高家堰工程之外，潘季驯重点修筑了徐州至淮安长达六百余里的堤防系统。这次黄、淮工程，自徐州、邳州而下，沿黄河两岸直到云梯关入海口，沿淮河和运河到仪真（今江苏仪征）长江边，筑起两条长堤。

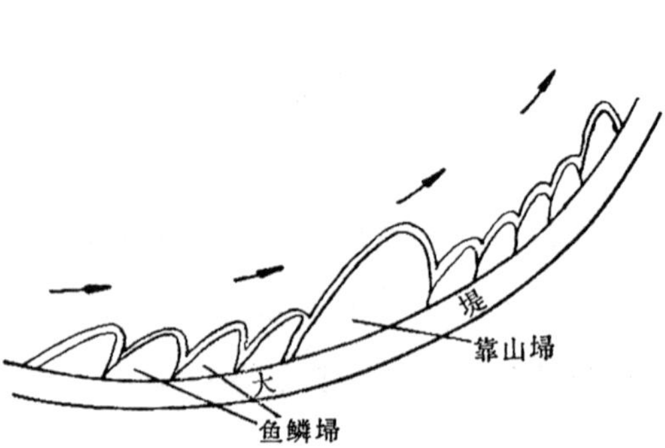

靠山埽、鱼鳞埽示意图（《黄河水利史述要》）

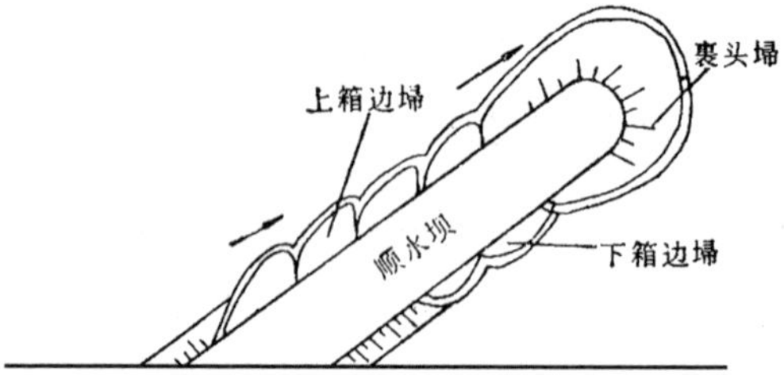

箱边埽示意图（《黄河水利史述要》）

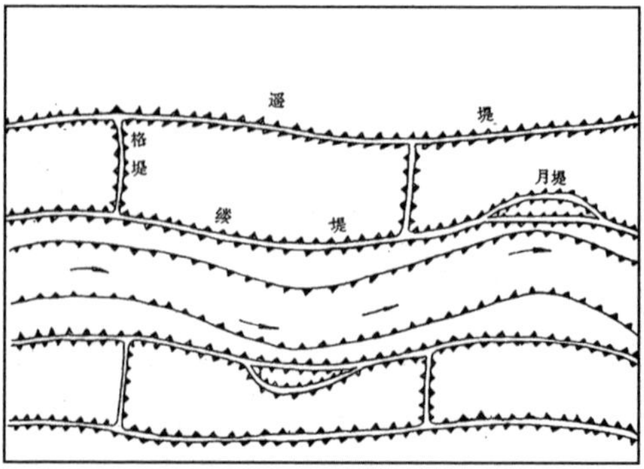

堤防系统示意图（《黄河水利史述要》）

仅沿岸筑堤一项，就耗费河工银四十万两以上，占全部工程预算的百分之七十，且这堤防还是由遥堤、缕堤相配合的立体挡水堤堰。缕堤指靠近河流主槽修建的小堤，堤势低矮，形如丝缕，用以约束水流，防御一般洪水。遥堤是指筑在缕堤以外，距河岸较远处用以防范大洪水的堤防。用现在的理解就是束水的近堤和挡水的远堤。如此周密的堤防系统的确是前所未有的。除此以外，工程还完成了围堵黄埔、崔镇决口的堵决工程等。

终于，在万历七年（1579）十月，治河工程基本告竣。潘季驯在《河工告成疏》中统计：此番工程历时一年，先后动用民夫八万余人，耗银五十六万两。筑土堤十万余丈；砌石堤三千三百丈；堵塞大小决口一百三十九处；建减水坝四座，车坝三座；拦河顺水等坝十道；涵洞两座；减水闸四座；疏浚淤塞运河一万多丈；栽种过堤柳树八十余万株；其他小工程不计其数。完工后仍节省预算银二十四万两。

工程建成后，预期效果明显。有了大堤束水，徐州以下的黄河泥沙被激流冲刷，河床不断加深，达到七八丈。高家堰建成也扼制了淮河东泄，同时它也提升了洪泽湖水位，加大了清口水势，起到了蓄清刷黄的作用。

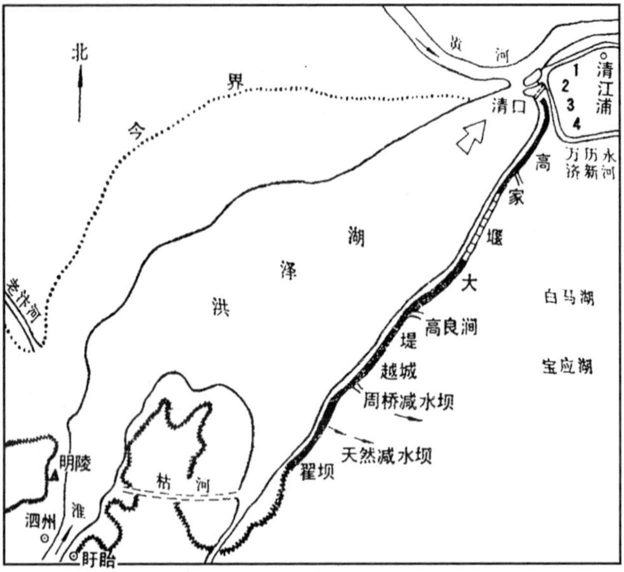

洪泽湖水利枢纽示意图（《潘季驯》）

驯服了黄、淮，也就保证了大运河的顺畅。

治黄工程竣工，治黄效果初显，张居正欣喜无比。张居正对潘季驯的欣赏一时无以复加，在书信中甚至把他比作当代大禹。

潘季驯也心情愉悦，万历七年（1579）七月，工程即将竣工前，他携江一麟登徐州云龙山，二人在山间对酌，想起这些年治河的艰辛，不禁百感交集，作《同江司徒小酌云龙山》以抒怀抱：握手论交共白头，天涯相对一樽留。帘前秀结千峰色，槛外声喧万里流。世事误人称老马，浮踪到处愧闲鸥。知君亦有烟霞癖，可许相从范蠡舟。

此诗后来被镌刻于石碑上，立在云龙山上，至今犹存。挚友王世贞也送来贺序一篇——《贺大宫保大司空印川公治河功成序》。

徐州云龙山潘季驯诗碑（潘宏恩 摄）

潘季驯在朝野上下的声誉也达到了顶峰。随之而来的权力、荣誉将潘季驯一步一步推向了大明朝廷权力的核心。可是，谁能预料到晚明政治的动荡，令花甲之年的治河功臣的仕途，再起波澜。

小贴士：当代学者对潘季驯水利成就的评价

潘季驯的成就获得了当代水利学者的赞扬。郑肇经认为：“季驯天才卓越，推究阐奥，发人所未发，成一代之殊勋，神禹以来，一人而已。”沈怡则称其治黄为“中国河工史上最光辉的一页”。张含英认为“束水攻沙”一说“是人民群众实践的结果。不过潘季驯又有所发展，并进而运用于下游河道的治理”。

第六章　功成身退

庶民尚书

第三次治河的成功，为花甲之年的潘季驯带来了无上的荣光。万历八年（1580）二月，因河工告成，工部论功行赏，总河潘季驯加太子少保衔、工部尚书兼都察院左副都御史。六月，潘季驯又被升为南京兵部尚书，参赞机务。潘季驯请辞，首辅张居正去信说明自己的安排，希望他继续在南方督率新任河道总督凌云翼，完成高家堰石堤工程扫尾，顺便候补等待朝廷中枢出缺。张居正此番安排，名为考察候补，其实不过是因无法安排潘季驯而想的权宜之计。明眼人都看得出，潘季驯作为一名技术型事务官，能力、魄力、胆识都为上乘，现在又新立大功，按理应重点照顾，提拔至内阁中枢。可潘季驯一来不是张居正同党，二来在朝中任职时间短、根基浅。所以，只能不尴不尬地去南京任职，虚度光阴。他在万历九年（1581）

写给王世贞、王世懋兄弟的信中也说自己现在日子过得清闲，但是心中愁闷却比当初在治河工地上时还要多。做不了事，又不让辞官回家，嫉妒他的小人还三番五次诬告、诽谤他。潘季驯在南京的衙门里终日如坐针毡，无比痛苦。好在这样的日子并不长久。

高家堰石工墙遗址（潘宏恩 摄）

小贴士：王世懋

潘季驯与王世贞、王世懋兄弟关系密切。王氏兄弟因为年少成名，又遭受政治磨难，因此被江南文坛所推重。王世懋之才不在其兄之下。王世懋（1536—1588），字敬美，号麟洲、损斋、墙东生，嘉靖三十八年（1559）进士，历南京礼部主事、江西参议、陕西提学副使、福建布政司左参政、南京太常寺少卿等。万历十五年（1587）以病归。他好文学，习农艺，著有《学圃杂疏》《艺圃撷余》《闽部疏》《王奉常集》等。其中《学圃杂疏》是王世懋晚年归隐在家养病之余，以自家“澹圃”内的花卉植物为研究对象，记载栽植方法和品种分类的一部兼具实用性、科学性与艺术性的园艺类农书。

万历十年（1582）六月，风云突变。太子太师、吏部尚书、中极殿大学士张居正终因劳累而病逝，万历皇帝下诏罢朝数日志哀，晋封张居正为太师、赠上柱国，赐谥号“文忠”。张居正聪明一世，为政也颇有建树，但在对待小万历皇帝的教育上，却多有失算。管教过严，再加上张居正、冯保内外联手专权，给幼年的万历皇帝造成了巨大的心理阴影。张居正临终之际向青年万历皇帝举荐潘晟、余有丁、梁梦龙、许国、陈经邦、徐学谟、曾省吾、张学颜等贤才时，万历皇帝表面上允诺大用。不料，张居正去世四天后，御史雷士帧等七名言官弹劾潘晟，万历帝就命潘晟致仕退休。潘晟的下台，标志着万历皇帝正式向张居正生前的权威发起挑战。半年后，万历十年（1582）冬，太监冯保被万历皇帝找借口赶去南京，张居正同党纷纷被定罪。朝廷政治开始了新一轮的洗牌。万历十一年（1583）正月，未得到张居正更大信任、不“抱团”的潘季驯被万历皇帝选中，下诏改南京兵部尚书为北京刑部尚书，即刻进京接受召见。六十三岁的潘季驯在被万历皇帝召见后激动地写下：我做官三十四年才第一次被皇帝亲自召见，实在是荣耀啊！万历皇帝为了尽快摆脱张居正的阴影，大力发展自己的势力，对潘季驯恩宠有加，赏赐其麒麟服、陪侍到天寿山督造寿陵，潘季驯一跃进入大明帝国的权力中枢。可是好景不长，万历十二年（1584）五月，万历皇帝下令对张居正抄家，禁锢他的家属，并削夺他的一切荣誉头衔，收回生前所赐玺书、四代诰命，将他的罪状公示天下。身为刑部尚书的潘季驯却不懂得跟风、顺从上意行事。他上奏《保全旧臣余孽疏》，为张居正八旬老母亲求情。潘季驯很快被看作是张居正在朝中的余党，御史李植、江东等弹劾潘季驯包庇张居正余党，请求万历皇帝罢他的官。万历十二年（1584）七月，万历皇帝听信谗言，下令将刑部尚书潘季驯削职为民。潘季驯再次返回家乡赋闲。

造福乡里

万历十二年（1584）至万历十六年（1588）的四年里，潘季驯蒙冤被削职为民，回乡家居。“无官一身轻”的潘季驯反而像是卸下了千斤重担，在南京期间的焦虑情绪一扫而空，万历十四年（1586）长子潘大复中进士，很快被授官南直隶溧阳县令，潘季驯甚为欣慰。家居这些年，除了与旧友们吟赏烟霞、雅集酬唱外，潘季驯还为家乡父老办了不少实事。

潘季驯之父潘夔生前一直想为家乡造一座桥。湖州府城东门是苕溪、霅溪汇合之处，每遇雨季，水涨风急，往来摆渡行船多有不便，潘夔就有在二水交汇处筑桥，方便往来乡亲的想法。潘季驯一直记着父亲的遗愿。万历十二年（1584）回乡后，潘季驯拿着自己多年攒下的一点积蓄，找到乌程县的县令杨应聘，请县令支持他主持修桥。杨应聘好言相劝：“潘公一把年纪了，捐出资金等着开工就好，建桥的具体工作，还是由我们官府征调百姓去做，您老何必操心呢？”潘季驯听了有点不高兴，说：“从我们乡下进城一直没有好走的桥，先父有建桥的遗命，这是我的责任。这等小事，怎敢劳烦官老爷呢？建桥费用也不用费公帑，全部由我们家捐出。”潘季驯说到做到，为筹措资金，把夫人的耳饰、子弟的玉佩、租户的合同都拿出来，共筹得白银两千五百两。潘季驯更是亲自主持督造，从万历十三年（1585）开工，直到万历十八年（1590），历时五年，将桥建成。桥长一百四十尺，宽二十尺，五孔桥洞。这座大桥极大地方便了周围百姓的出行。建成后，每日人流穿行不绝。百姓感念潘季驯的功德，将大桥称为“潘公桥”。帝师于慎行听闻后作《潘公桥记》称赞：我看现在当世君子，在外能成就一番伟业。可退休回老家，却不能做一点微小的工作以期能泽被乡里，真是“丈八的灯台照远不照近”啊！潘少保公在家闲居时，散尽千金，只求有利于乡亲，这真是大仁大义之举啊！

潘公桥（潘宏恩 摄）

清代重修潘公桥桥面（潘宏恩 摄）

潘公桥桥联（潘宏恩 摄）

小贴士：潘公桥

潘公桥在湖州北门苕、霅两溪汇流处，由明代潘季驯所建，故名“潘公桥”。苕、霅两溪汇流处水势湍急，民渡艰难，潘季驯之父潘夔早有在此处建桥、方便百姓摆渡之意。万历十二年（1584）潘季驯贬官回乡后，为完成其父夙愿，捐银两建桥，还曾亲临督造。潘公桥万历十三年（1585）始建，历时五年，于万历十八年（1590）竣工，原桥为五孔石木梁桥。清道光二十年（1840）重建时，为增加泄水量、方便大船通行，改为三孔石拱桥。两边桥墩上刻有四副楹联，东联为“胜举重兴，两岸行人欣利涉；规宏大起，同时宝塔告成功”“鳌柱高掌，惠周梓里；龙溪叠锁，瑞聚菰城”，西联为“苕水西来，龙脉远从天目注；毗峰东峙，螺发低向镜心涌”“跨岸垂虹，双桥接影；卧波龙偃，二水安流”。桥顶栏杆下刻有“放生官河”，下有“重建潘公桥”五字。潘公桥两堍原各有一赑屃，南堍赑屃在抗战时被毁，北堍赑屃已筑亭保护，并重新立碑，镌有《潘公桥碑阴记》。2013年，潘公桥与潘孝墓被公布为全国重点文物保护单位。

复出抢险

潘季驯风轻云淡在家赋闲时，朝廷中的人可没忘了他。御史蔡系周上表怒斥李植等人专权打压功臣、制造冤案。御史李栋、董子行等人也上书说潘季驯治河有大功，怎么能随便就夺官罢免？潘季驯的治河工程保证了黄、淮下游多年的安全，主政者暂时不会想把这位功勋老臣召回，一直到万历十五年（1587）七月，雨水不止，黄河中游水位暴涨，冲毁堤防，直达开封。一开始内阁首辅申时行对这次黄河中游决口并未过于在意，没打算派主官去抢险，只是派一名老成持重的给事中去现场。工科都给事中常居敬奉命巡河归来后，报告说前方紧急，要请河南、山东迅速协调合作堵上决口。他还同御史乔璧星、工科给事中梅国楼等上书，请求恢复河道总督，并推荐经验丰富的潘季驯出任。这时，主政者才想起这位六十多岁的老人。就这样，万历十六年（1588）五月颁布上谕，第四次任命潘季驯为右都御史总理河道，兼理军务。

潘季驯领命后，如同一位接到紧急命令的战士，马上准备出发就任。他说："治好这条河是我的使命，虽然离任很久了，可我没一天不牵挂它的。”他于万历十六年（1588）五月十六日接到命令，二十日出发，六月初一便抵达淮安，六月初二就前往高邮、宝应、清江浦、徐州、邳州沿线视察堤防安全。六月二十七日到达济宁河道总督府，视察山东曹县、单县等处河情。通过实地考察，潘季驯把此次治河的重点放在了徐州以北的河南段，具体办法就是加固、修复既有的河防工程。

他在考察后提交朝廷的报告《恭称远地修守当严疏》中认为河南的黄河堤防系统相较于下游的徐、淮间，已经算是比较完备的了，没必要再搞新的建设，只需要加固既有堤防，以防御为主。接着他又在《申明修守事宜疏》中详细说明加固堤防对于治河的意义与具体的实施办法，概括为“修守八事”：一是将河道官员任期延长，以便让新任长官熟悉河防；二是地方行政主管要亲自抓河防工作，提升河防工作的优先等级；三是要建设一个相对稳定的河工技术团队，以传承堤工技术；四是平时要提前储存修防河堤的工料，以防不测；五是每年按规定要求，定期加固堤防；六是添设专管堤防的官员，避免遥控指挥；七是用筛掉沙子、黏性大的“真土”护堤，保证堤防质量；八是加紧修复旧堤，防止河

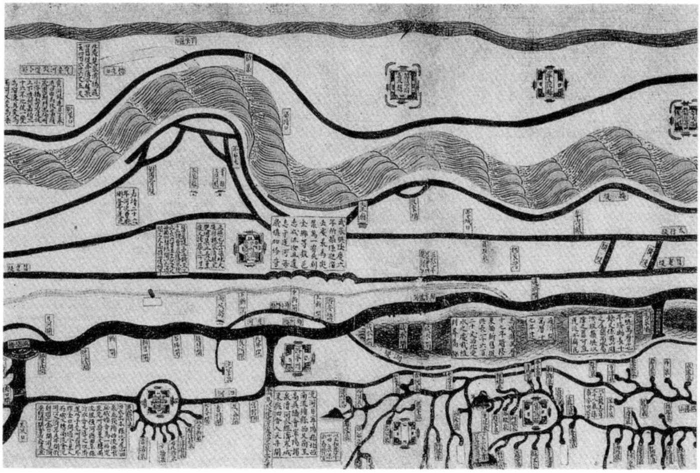

河防一览图卷

道继续决口。这篇奏章有具体的护堤工程指导，更重要的是着眼于长远的河防制度的建设，是潘季驯晚期治河思想的重要代表。

潘季驯的观点在朝中遇到了一些反对意见。有的人主张引黄河北上广平府（今属河北省邯郸市）、大名府（今属河北省邯郸市），汇入渤海。潘季驯认为此方案对防洪、漕运不利，等于是把徐、淮黄河水患转嫁到北直隶。有的人主张修复贾鲁河，让黄河分流，东南夺涡河，再汇入淮河。潘季驯认为此方案不但不利漕运，还威胁凤阳和泗州皇陵，把两条大河赶进一条狭窄的淮河河床，后果不堪设想。还有的人主张把黄河支流沁河水引入漳河，流向临清，单独入海，以此来减小黄河水势。潘季驯同样认为这个方案是痴人说梦，沁河浊，不次于黄河，将它单独引水，必然导致淤塞。潘季驯在上奏的《申明河南修守疏》中依然坚持治河重点应该放在中游的河南，之前因为河南段不是运道，所以被人忽视，如果不重视中游的决口问题，下游的漕运通道必然受到威胁。所以，加紧修复堤防才是当时治河工作的重中之重。

鞠躬尽瘁

当潘季驯在治河前线奔走时，亲政后的万历皇帝发来一道勉励河工的圣旨。起因是年轻的皇帝在出京巡视时偶然看到浑河汹涌，联想到黄河更加凶险，于是降旨给工部，转达给潘季驯，勉励他以百姓苍生为念，勤奋刻苦，用心工作，选贤任能，务必修治好黄河。潘季驯接旨后激动异常，上奏《恭诵纶音疏》详细说明自己的工作目标和工作内容。

年近古稀的潘季驯身为治河首脑，为了早日完工，常年住在治河一线的船上，与民工同吃同住，风餐露宿，不遑启居，甚至让夫人施氏从老家赶来照顾他的生活。施氏终因年事已高，操劳过度，于万历十七年（1589）五月返回老家后不久去世。施氏去世后，潘季驯悲伤不已。可这时黄河突然在开封出现险情，潘季驯只能怀着满腔悲痛继续奔走抢险。在多重打击之下，潘季驯身心俱疲，吐血不止。几个月后，在堵上决口后，潘季驯赶回济宁静养。家庭变故、身体抱恙等种种警报提醒潘季驯，是时候退出了。万历十八年（1590）二月，潘季驯巡视治河工地后，上奏《引年疏》申请退休，但没有获得朝廷的批准。

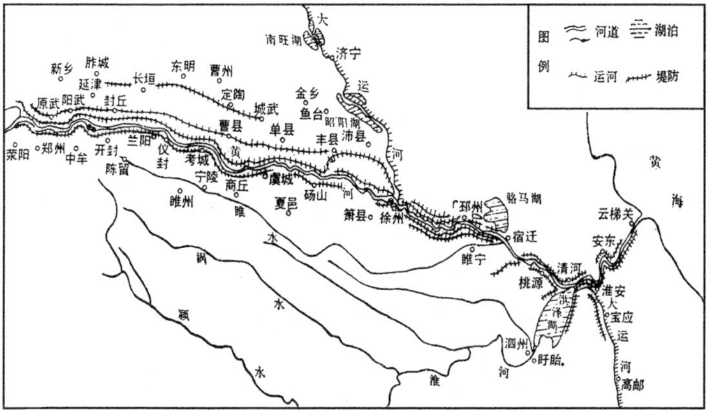

潘季驯治河后的黄河堤防示意图（《潘季驯》）

万历十八年（1590）夏，黄、淮、运沿线堤防加固工程全部完工。潘季驯上奏《恭报三省直堤防告成疏》总结第四次治河的功过，提出坚持把修河防常态化，才能保证黄河长治久安的观点。这两年多的以防御为主的治河工作，潘季驯共主持修治沿线各类堤防二十六万四千五百余丈，新筑堤坝两万八千丈，这个规模在有明一代也算是空前了。所有这些成绩的背后，是潘季驯与无数治河人的辛劳付出。治河工程告一段落，古稀之年的潘季驯健康状况再次亮起红灯，万历十八年（1590）八月十六日，他旧病复发，吐血不止，只得返回济宁修养。潘季驯深知时日无多，于是利用休养期间的闲暇，将多年主持治河的奏疏和收集到的相关文献资料整理汇集成册，经过增补修订，集成《河防一览》一书，付梓刻印。十月，潘季驯再次发病，只得再次上表请求致仕退休，朝廷再次驳回。十一月，潘季驯紧接着又上《乞休疏》，朝廷也许是苦于找不到更加适合的替代人选，因此给潘季驯的答复依然是“不准”。

万历十九年（1591）九月，淮河再次迎来洪峰，洪水淹没泗州城，冲决运河上多处堤防，直逼明祖陵，朝野震动。朝中坚持黄、淮分流的“分黄导淮”派再次跳出来反

泗州城遗址（潘宏恩 摄）

对潘季驯的主张。潘季驯坚决反对，遭到朝臣们的强烈弹劾。南京河南道监察御史聂应科在奏章中对潘季驯进行人身攻击，说他老糊涂，又是张居正的余党，要他马上罢官回家。潘季驯愤恨不已，于是上表自请罢官。万历二十年（1592）正月，工科给事中杨其休上书，称赞潘季驯治河成绩功盖当世，于情于理都应该允许他辞职。万历二十年（1592）三月，朝廷批准潘季驯的辞呈。

潘季驯归家后，身体状况每况愈下。万历二十三年（1595）四月十二日，潘季驯病逝于湖州家中。

潘季驯墓（潘宏恩 摄）

潘季驯墓墓道（潘宏恩 摄）

生前身后

潘季驯的一生，大半精力都倾注在了治理黄河、淮河、运河的相关工作上。正如他在退休前上奏的《并勘河情疏》中所说："臣下自嘉靖四十四年至今，为报皇恩，已经四次治河。真是在治河中成长，又在治河中老去，朝朝暮暮牵挂的都是这件事。我这些年积累的经验，或是从民间采集的舆论，或是自己亲眼看到，或是总结古人经验，或是在实践中验证理论。最终我得出结论，水有水性，不能违背；黄河有河防，不可荒废；士人都有自己的见解，不能勉强。""臣下已是'去国之臣'，但心仍在治河一线。没有亲身经历过的，不敢随便妄言。我也老了，不敢跟人打笔墨官司了，我知道那些对我的见解有非议的人，不是针对我个人，都是为了国家。我只是提醒，天下很多事情，因为非议多而导致逆转的例子实在太多了！"这篇奏折可以看作潘季驯为自己二十七年治河工作做的总结。

潘季驯留给后代的思想遗产有很多。早在万历八年（1580），潘季驯第三次治河工程将要完成时，潘季驯就请手下人把此次治河的相关奏疏与其他材料汇编为

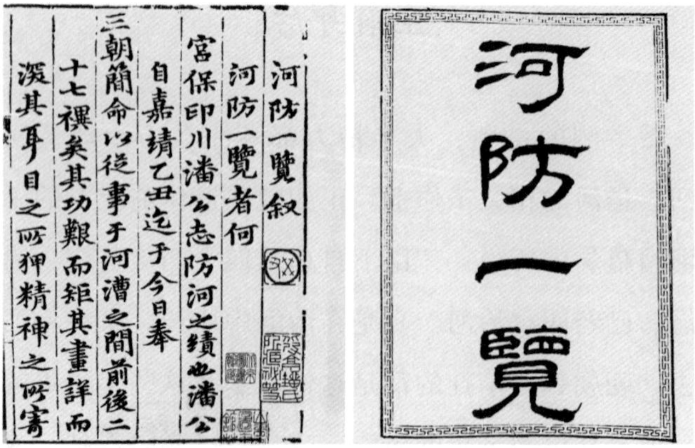

河防一覽叙
河防一覽者何
宮保印川潘公志防河之績也潘公
自嘉靖乙丑迄于今日奉
三朝簡命以從事于河漕之間前後二
十七禩矣其功艱而鉅其畫詳而
[illegible]其事目之所狎精神之所寓

万历十八年本《河防一览》书影（潘宏恩 摄）

十卷《宸断大工录》刊行。不久，潘季驯又组织人整理其重要的河工相关奏疏刊为《两河经略》四卷、《两河管见》三卷。万历十八年（1590），潘季驯第四次治河，面对水情汹涌，他深感力不从心，渐生退隐之心，于是在《宸断大工录》基础上，多加增益，辑成《河防一览》十四卷。后来，潘季驯长子潘大复精选《河防一览》文章，编为《河防榷》十二卷。潘季驯去世后，亲友门人将其任河道总督期间的重要奏疏按时间顺序编排，汇为一书，即《总理河漕奏疏》十四卷，囊括了他一生治河的重要文献。此外，收录潘季驯与友人往来书信的《留余堂尺牍》也是了解他治河思想、主张的重要

小贴士：《河防一览》

《河防一览》为古代著名河工专著之一，是潘季驯的代表作，成书于万历十八年（1590），全书共14卷，约28万字，记录了潘季驯治理黄、淮、运河的基本思想和主要措施，是潘季驯在长期治理黄河的实践中总结出的经验和理论的集大成之作。《河防一览》包含潘季驯对黄河河道、堤防、疏浚、洪水控制等方面的论述。书中详细记录了黄河的历史变迁、水患成因、治理方法和技术，以及治河工程的组织实施。潘季驯在书中提出了“束水攻沙”的理论，即通过修筑坚固的堤坝来约束河水，增加流速，从而冲刷河床，减少泥沙淤积。《河防一览》不仅是一部重要的水利学著作，也是研究明代黄河治理和水利工程的重要史料，对于了解中国古代水利工程技术和治河思想具有重要价值。

文献。除治河有关奏疏外，潘季驯尚有《潘司空奏疏》汇集他巡按广东、督抚江西、主政南京兵部期间的相关奏疏。可以说《河防一览》《总理河漕奏疏》《留余堂尺牍》《潘司空奏疏》这几部书再加上单行的《刑部奏疏》二卷几乎涵盖了潘季驯一生仕宦生涯的主要工作内容，学者据此即可勾勒出他一生的基本思想。潘季驯还有《留余堂集》四卷（诗一卷、文三卷）被收入齐鲁书社2001年出版的《四库全书存目丛书补编》中。其余还有《永平录》《芝林集》等，可惜都已不存。

一代治河名臣潘季驯，并未留下多少激动人心的高言宏论，也没有见证多少惊心动魄的宫斗权变，他只留下了一些至今仍在保障百姓安全的水利工程与书本中的治河理论。然而，谁能否认潘季驯的治水思想与工程实践在中国水利史、运河漕运史上不可撼动的历史地位呢？桃李不言，下自成蹊。潘季驯作为中国16世纪杰出的专业技术型水利官员，同时也是一位儒家知识分子，他以实事求是的态度全身心地投入治河工程中，鞠躬尽瘁，死而后已。他用生命诠释了儒家“为天地立心、为生民立命、为往圣继绝学、为万世开太平”的立身格言，至今仍为我辈学习的楷模！

参考文献

1. 朱东润著：《张居正大传》，湖北人民出版社 1957 年版。

2. 武汉师院中文系古典文学教研组:《张居正〈答潘季驯书〉注释和分析》，《武汉师院学报（哲学社会科学版）》1974 年第 2 期。

3. 黄仁宇著：《万历十五年》，中华书局 1982 年版。

4. 水利部黄河水利委员会《黄河水利史述要》编写组编:《黄河水利史述要》，黄河水利出版社 1982 年版。

5. 郭涛著：《潘季驯》，水利电力出版社 1985 年版。

6. 余春水：《潘季驯——明代杰出的治河专家》，《治淮》1992 年第 3 期。

7. 赵忠宝：《潘季驯治黄》，《陕西水利》1995 年第 3 期。

8. 贾征著，匡亚明主编：《中国思想家评传丛书》，南京大学出版社 1996 年版。

9.〔清〕永瑢、纪昀等编：《文渊阁〈四库全书〉》，上海古籍出版社 2003 年版。

10. 马雪芹著：《大河安澜——潘季驯传》，浙江人民出版社 2005 年版。

11. 陆鼎言：《潘季驯祖系及故里汇沮名考》，《潘季驯学术思想及名人效应的研究与应用研究成果资料汇编》2005 年。

12. 韦庆远：《"百粤行将遍，三春思转穷"——论潘季驯巡按广东的政绩》，《学术研究》2005 年第 5 期。

13. 马雪芹:《简论潘季驯的为政思想》,《江南大学学报（人文社会科学版）》2005 年第 5 期。

14. 孙果清：《潘季驯与〈河防一览图〉》，《地图》2007 年第 5 期。

15. 姜亚沙、经莉、陈湛绮主编：《中国文献珍本丛书》，全国图书馆文献缩微复制中心 2007 年版。

16. 韩玉芬:《从潘季驯看明代技术官僚的仕文化精神》,《广西民族大学学报（自然科学版）》2008 年第 3 期。

17. 周焰：《清宫秘档解读陈潘二公合祠并祀的由来》，《档案与建设》2009 年第 6 期。

18. 陈陆：《潘季驯：明代河工第一人》，《中国三峡》2012 年第 2 期。

19. 陈云：《湖州明代潘季驯墓》，《东方博物》2013 年第 3 期。

20. 周德明、吴建伟主编：《上海图书馆藏珍本年谱丛刊》，国家图书馆出版社 2015 年版。

21. 王艺，张小思:《浅析潘季驯〈河防一览〉之奏疏》,《中国水能及电气化》2017 年第 12 期。

22.〔明〕潘季驯著：《潘季驯集》，浙江古籍出版社 2019 年版。

23. 韩静静：《明中后期潘季驯对江西匪患的治理》，《兰州教育学院学报》2020 年第 8 期。